音のウチ・ソト

作曲家のおしゃべり

Shinichiro Ikebe
池辺晋一郎

新日本出版社

はじめに

作曲家なのに……と、思う。

楽譜ではなく、文字による本を、こんなに出していいのだろうか。エッセイなどを書いた先輩たちは何人もいるが、とはいえ、ちょっと多すぎるんじゃないか……。新日本出版社刊の「空を見てますか…」シリーズは、すでに九巻に達している。音楽之友社からの「音符たち」シリーズも一〇巻、ほかにもエッセイや対談集そして音楽書など、合わせれば三〇冊くらいになるだろう。けれども……。

けれども、というのはエクスキューズの言葉。そのとおり、僕は弁明しようとしている。子どものころ、僕は「作文」が大好きだった。病気で就学が一年遅れた小学校浪人のあいだ、臥《ふ》せる日々にもかかわらず、わら半紙にデタラメ童話モドキや挿絵モドキを書き、描いて、つたない「自分雑誌」を作ったり、小中学生時代には読書感想文などで、校内や地域の賞をもらったり……。大学生のころは、詩を書くのが好きで小さな同人に加わったり、友人たちと奇妙な本を作ったり……。

だから今僕は文字を書く、というのは、しかし簡単かつ短絡にすぎるだろう。もっと本質的なことがあるはず。そう考えて、ひとつ気がついた。僕はどうも、人が好きなのである。幼いころから今日にいたるまで、誰かを嫌いになったことがない。意見が違って大議論、などということは学生時代からいくらでもあった。だがそれは、相手を憎んだり嫌いになるということではない。むしろ主張が異なれば、その相手への興味が増すことになる。世の中のあらゆる事象への関心も高まる。そうなると、それを文章化したり、会って話をしたくなる。

これが、僕をして冒頭の思いを抱かせることになったのでは、と感じるのである。で、小さなまとまりが上梓されることになった。これまでもお世話になり続けている新日本出版社・角田真己さんの変わらぬご尽力に感謝しつつ、巻頭のご挨拶とする。

二〇一九年一月

著者

目　次

はじめに　3

第1章　芝居と音楽、そして金子みすゞ――若村麻由美さんと　9

無名塾と「親戚の伯父さん」　11
音楽と演劇の根っこ　17
仲代達矢さんと宮崎恭子さん　21
山と山の清掃のこと　26
富士山とヒマラヤの「同時清掃」も　30
金子みすゞの人生と作品　32
深いところで受けいれようと　37

第2章　詩がある、洒落《デペイズマン?》もある作曲生活——小池昌代さんと　41

交響曲という砦　42

調性音楽も書くが……　46

曲のアイデアとイメージ　50

音の重力と反逆　55

ドラマを音色から発想する　56

幼少期の追憶　59

言葉の音はおもしろい　62

ざわめきとくぐもり　67

スクリーンとステージはちがう　70

子どもの詩、無垢の今の輝き　74

第3章　音符と作曲家の間柄の話——合唱組曲「飯豊山」のことも　79

作曲家の心理、演奏家の心理　80

生き物のような、そして水のような　83
詩の意味と結びつける　86
和音にない音を使い美しいメロディに　94
音階の背景にも音の生理　100
合唱組曲「飯豊山」のこと　108
音楽と芝居の共通点　113
言葉が持つリズム　117
言葉の表現とは違う部分　121
飯豊山～わが心のアルカディア～（歌詞）　125

第４章　時代の空気と「表現する」ということ――池澤夏樹さんと　133

言いたい放題な時代　136
経済最優先をやめては？　146
議論がなくなり世間が狭くなった　152

批判を続け積極的な提案をする 159
沖縄――この国のみっともなさ 165
憲法の機能は権力から国民を守ること 174
教育をよくすることで変えていける 182
右翼的考えが広まる「空気」 186
考えるきっかけを提供する 190

対談者プロフィル 198

第1章　芝居と音楽、そして金子みすゞ——若村麻由美さんと

池辺　みなさん、こんにちは。こちらは若村麻由美さんです。
若村　こんにちは。
池辺　今日は「みどりの日」。地球環境について考えるイベントの一環で、ぼくが金子みすゞさんの詩に曲をつけた合唱曲のコンサートを、神戸市役所センター合唱団が中心になって企画してくれました。忙しい中、駆けつけてくれてありがとう。「みどりの日」だから緑の服にしたの？
若村　そうですよ。この「みどりのコンサート」に合わせて。
池辺　ぼくは「みどりの日」だから真っ黒にしました（笑）。意味がわかんないね。
若村さんは、かなり古い知り合いなんですよ。「無名塾」というところがありまして、仲代達矢さんが主宰する、役者のための「塾」ですけれど、そこの音楽をぼくはずっと書いているんです。一九七八年から、だいたい毎年、無名塾の公演に音楽を書いています。当然、稽古場にいって芝居の稽古も見ます。無名塾の役者たちは、普通なら劇団員っていうんですけれど、そうじゃなく「塾生」と呼んでいます。

若村　私塾なんですよね。

無名塾と「親戚の伯父さん」

池辺　若村さんが塾生だった時から、ぼくは知ってるわけですよ。初めは役者の卵、ナマ卵だったのが、半ジュクになって、だんだん円ジュクしていくところを見てきました(笑)。しかもそのあと、NHKの「N響アワー」という番組――ぼくはこれを一九九六年からやっていたんですけれど――の司会をぼくがやって、その最初の六年間の相方が檀ふみさんだったんですが、そのあとを引き継いで、三年間、若村さんがやってくださいました。

その間、若村さんは、無名塾を卒業されて塾生じゃなくなりましたが、卒業生として無名塾の公演に加わって主役をやったりしておられて、そういう芝居で何本か音楽を書かせてもらったりもしました。ですから、ずいぶんいろんなところでご一緒してきたという感じがあります。

若村　そうですねえ、本当に。私がこの世界に足を踏み入れて、まず仲代達矢さんと奥様の宮崎恭子さんが私の師匠になるわけですけれども、その次が池辺先生で。

池辺　何を言ってるの。そういうこと言うとシショウをきたすよ（笑）。

若村　神戸の方は優しいですね、ちゃんと笑ってくださって（笑）。私、「N響アワー」でも、池辺先生のこういうアドリブが炸裂《さくれつ》すると、「それでは次にまいります」という係だったんですよ、三年間（笑）。

それはともかく、私の、演劇における父と母が仲代さんと宮崎さんだとすると、池辺先生は、「親戚の伯父さん」という感じです。お仕事に向かう姿勢も、ふだんの面白いお人柄の感じも、初めてお会いしたころとまったくお変わりありませんし、私たちの芝居に書いてくださる音楽も本当に素敵で、うれしいんです。池辺先生は芝居だけでなく、テレビドラマ、映画の音楽も書いておられますし、もちろん、現代音楽から合唱曲まで音楽の世界でもものすごく幅広く活躍しておられます。たぶん、これほどジャンルを超えて多くの曲を作っている作曲家は、池辺先生が日本でいちばんじゃないかと思っています。

池辺　それどういう意味？　節操がないということ？（笑）

若村　いえいえいえ。やっぱり作り手の「人間」というものがすべてに通じるんですね。ジャンルを超えて、池辺先生の中にあるものが作品に現れて、お客様が見たり聞いたりして面白いと感じるものを生み出してくださってるんだと思います。

池辺　ぼくはね、演劇と音楽はものすごく共通点がある――っていうか根っこじゃ同じじゃないかとさえ思ってるから、あまり違和感はないんですよ。その話はあとでも出てくるかもしれないから、ちょっと話を先に進めると、彼女が無名塾に入ってきて、いちばん最初のステージ、ぼくは今でも鮮烈に憶えているんです……。

若村　初舞台の時ですか？

池辺　初舞台。仕事柄、俳優さんが演劇の世界に初めて入ってきた頃からのつきあいというのはいろいろあるんですけれども、その俳優の最初の舞台をずっと憶えているという人は、二、三人くらいしかいないんです。若村さんはその中の一人。パヴェル・コホウトっていう人がつくった「プア・マーダラー」っていう芝居なんですけれどもね。もちろん主演は仲代達矢さんですが、ストーリーはよく憶えてないし、自分がどんな音楽を書いたかも憶えてない（笑）。ステージの真ん中で仲代さんが寝てるのは憶えてるんだけど……。

若村　元ハムレット役者が精神病院にいて劇中劇をするというお芝居なんですよね。

池辺　あ、そうそうそう。で、そばで初舞台の若村さんが、主役の仲代さんが何かしゃべると、「はい、旦那さん」っていうんですよ、何回か。

若村　全部で三回、私の台詞はそれだけでした（笑）。

池辺　そう、それだけ。「はい旦那さん」。別にアクの強いこと、強烈なことをしていたわけでもないのだけれど、でもいまだに憶えてるんです。その時の立ち姿と「はい、旦那さん」っていう口調をね。

若村　ただ棒立ちして、「はい、旦那さん」しか言わない役だったんですけどね（笑）。

池辺　ぼく自身も理由がわからないけど、そのシーンが強く印象に残りました。すごい存在感だったんだろうと思うんです。芝居ではときどきそういうことが起こります。

若村　ありがとうございます。

池辺　そのあとも、シェイクスピアの芝居などでこの方が重要な役をやった時に音楽を担当しました。たとえば「マクベス」。この人がマクベス夫人を演じたんですけど、マクベス夫人って悪い人でね……、まあその話はいいや（笑）。そうは全然見えない美しい役なんだけど、実はとんでもなく悪い人の役なんですよね。それから、逆にものすごくしっとりとした、ロクサーヌっていう、有名な「シラノ・ド・ベルジュラック」っていう芝居

にでてくる女性を演じたこともありました。このロクサーヌは、一回しかやらなくてもロクサーヌなんです。1サーヌ、2サーヌ、3サーヌ……、六回やったら6サーヌ、そうじゃないんですよ(笑)。一杯飲んでも「オン・ザ・ロック」っていうのと同じです(笑)。あれ、ぼくなんか言いましたか?(拍手)

若村　みなさん、ありがとうございます。でもあんまり、拍手されない方がいいと思います。先に進みませんので……(笑)。

音楽と演劇の根っこ

池辺　ははは。まあ、たとえばそんな、いろんな芝居で彼女と仕事をしたわけですけれど、その都度その都度の姿が印象に残っています。節目節目でこの人の印象に残る演技を見させてもらってきたと思っています。もちろん若村さんはテレビのお仕事も多いですし、映画もやるし、会場のみなさんも、若村麻由美という女優の芝居をよく知ってらっしゃると思います。去年（二〇一七年）は「子午線の祀《まつ》り」というすごい作品にも出られました。

若村　はい。木下順二さんの。

池辺　名作ですね。かなり昔の作品で、ぼくは若い頃に一度見ていましたけれども、若村さんが出演されたのは、野村萬斎さんの新しい演出ですね。ぼくもこれを見ました。素晴らしかったですよ。この萬斎さん演出の「子午線の祀り」は、第二五回読売演劇大賞の「最優秀作品賞」を受賞したし、若村さんもこの作品をはじめとする演技によって読売演劇大賞の優秀女優賞をお取りになって。

若村　ありがとうございます。

池辺　どうでしたか、やってみて。

若村　とても面白かったです。みなさん、山本安英さんという名優を、ご存じでしょうか。一九九三年に九〇歳で亡くなった方で、新劇で活躍された方です。その山本安英さんが、朗読の会、言葉の勉強会をなさってたんですね、木下順二先生とご一緒に。「子午線の祀り」はそこから生まれた作品で、木下先生が「平家物語」を主軸に、現代の言葉も合わせながら、平氏の栄華と壇《だん》ノ浦《うら》で滅亡していくまでを描いた作品です。それがまた特別なのは、祇園精舎《ぎおんしょうじゃ》の章段、「祇園精舎の鐘の声、諸行無常の響きあり」に続く名文をみなさんご存じだと思いますけれども、あの目線を宇宙に持っていって、宇宙目線で描いているんです。

この作品は、能、歌舞伎、新劇の流れを汲む演劇人たち――本来はいっしょに共演することのない役者たちが一堂に会して演じるという、これ以前にはなかった、日本の演劇史に残る快挙でもありました。今はそういう機会も増えましたけれど、この作品が初めてそれをやったんです。ジャンルにこだわらずいろんなお仕事をされている池辺先生のような作品です（笑）。

池辺　今度の野村萬斎演出で、かつて山本安英さんも演じた「影身《かげみ》の内侍《ないし》」という役をなさったんですよね。

若村　はい。山本安英さんのあと、三田和代さん、高橋恵子さんが演じられた役で、宇宙的な視点で描くこの作品の要にもなるような、とても難しい役でしたが、光栄でしたし楽しかったです。

池辺　大勢が一緒に朗読をする、「群読」という言葉を生んだ芝居ですよね。「群れ」で読むんですよ。

若村　ちょっと合唱に通じるものがありますね。ギリシャ悲劇ではコロスという言い方をしますが、語り調で、メロディがない合唱のような。
池辺　そうですね。一種のいわば音楽ですよ、あれは。
若村　すごく音楽的だなと私も感じてました。
池辺　いま若村さんが、コロスという言葉を紹介されましたけど、古代ギリシャの演劇では市民集団みたいなのがいて、こういう人たちがストーリーの進行役をやったりしたんです。それが合唱隊だったんですよ。コロスと呼ばれていました。これはコーラスの語源です。
ついでにちょっと話を広げますと、そのコロスがいる位置を、昔のギリシャ劇では、観客が上から見下ろしたんです。円形劇場といって、階段状に席があって上から見下ろした。その円形の真ん中に、主役がいて、その周辺の部分をコロスが固めたんですけれども、その部分のことをオルケストラっていったんですね。平面体とか平面っていう意味の言葉だったそうです。おわかりのように、これが今のオーケストラっていう言葉の語源です。そうしてみると、音楽用語のコーラスとオーケストラっていう、どちらも大事な言葉ですが、それらの語源は演劇から生まれたっていうことになるんですよ。
若村　面白いですね！

池辺　さっきぼくは、音楽と演劇は根っこは共通の感じがすると言いましたけど、もしかしたら、昔から実際にそういうものだったのかもしれないという気もしますね。しかし群読っていうのは難しいんじゃないですか？

若村　とても難しいです。読む技術が問われます。

仲代達矢さんと宮崎恭子さん

池辺　無名塾の体験がそういうお仕事にも生かされているんでしょう。若村さんが無名塾で学んだことは、俳優としてのご自身にとって、どんな重さを持ってますか？

若村　本当に右も左もわからない頃、仲代さんと宮崎さんの演劇ＤＮＡを受けとったわけですから、自覚する・しないにかかわらず、自分の中に入っているものがいろいろあるのだと思います。若い当時はよくわからなかったことが、この年齢になって、「あ、こういうことだったのかな」と理解できることもありますね。先人に学ぶことはこういうことなんだと思います。でも仲代さんは今年（二〇一八年）八五歳で、今も現役で舞台に立ってらっしゃいます。

池辺　今年の暮れで八六になるんでしたっけ。

若村　そうです。今年の春、「肝っ玉おっ母と子供たち」という無名塾の公演で、お母さん役をされていましたね。もちろん池辺先生の作曲で、歌も入るんですけれど、とても素晴らしかったです。この作品は反戦のお話でもあり、「母と子」がしっかりと描かれています。

池辺　ブレヒトっていう人の作ですけれども、全然ブレない人なんだよね（笑）。

若村　私、この「肝っ玉おっ母と子供たち」を初演で観て以来、「いつか、この役をやりたい！」ってずっと思ってるんですよ。「おっ母」役を。いつかよろしくお願いします。

池辺　若村さんがやりたい役を仲代達矢が取っちゃったんですね（笑）。そんなことあるんだね……。昔、俳優座がこの芝居をやったときは栗原小巻さんがやりましたね。

ぼくはほかでもこの芝居の音楽を担当していて、草笛光子さんの主演のもあったな。もちろんどれも別な音楽ですよ。芝居の仕事してると、同じ芝居なのに、劇団とか演出が違うと、まったく違う音楽を書かなきゃならないっていうことがあるんです。「肝っ玉おっ母とその子どもたち」っていう芝居には、三回音楽を書いています。それから若村さんが夫人役を演じた「マクベス」は、あの時、ぼくは七回目だったんですよ。

若村　その後も別バージョンを書いておられますよね。

池辺　ええ、あのあともやってます。

若村　同じ作品で違う作曲をされるってすごいですよね。

池辺　「マクベス」もそうですけど、シェイクスピア作品は、よくお化けが出てくるんですよね。お化けがウォーって出てくればいいのに、演出家はそこで音楽がほしいと言う。幽霊の音楽、みなさんも想像してみてください。作曲家の立場になって。幽霊の音楽って、そうそういろんな種類ないと思います（笑）。ぼや〜んとした音楽にどうしてもなりますよ。ぼや〜んとした音楽ってそんなにいろんな種類を書けないんで、毎回困るんです。

「マクベス」にもバンクォーっていう相手役の亡霊が出てくるんですよ、困ったですねえ。一度、ぼくも飽きちゃったもんだから、演出家に、今度の亡霊はワルツに乗って出てきたらどうかって。ブンチャッチャッ、ブンチャッチャッって。そしたら即座に「ダメ」といわれました（笑）。
まあそんな話はいいんです。無名塾と若村さんという話題に引きつけていうと、宮崎恭子さんの演出は本当に細かかったですね。音楽についても細かかったんですよ。
若村　音楽もですか。
池辺　どういうふうに音楽が入ってどこで盛り上がってっていうのを、そういうことをものすごく細かく指定してね。芝居が仕上がってみるとそれが本当に効果的で。
若村　素晴らしい演出家だったと思いますし、素晴らしい役者でもあったんですね。宮崎さんは仲代さんと結婚されて女優業は引退されたんですけれど、私が高校三年生の時に初めて観た塾の公演が、宮崎さんが引退以来、何十年ぶりかで主演された「ハロルドとモード」という作品だったんです。
池辺　そういえば、無名塾ができるずっと前、たしか一九七二年、ギリシャ古典劇「女の平和」（アリストファネス作）の音楽を担当しました。それに宮崎さんが出ていらして、初日前の舞台稽古に仲代さんがいらした。それがぼくが仲代さんに会った最初です。で、「ハロルド……」観ていたの？　あの時高校生……？　もちろん、ぼくが音楽担当した舞台ですね。

若村　もちろん。無名塾公演の音楽はすべて池辺先生ですから。音楽も本当に素敵で、その時、「人生にはこんな衝撃があるんだ」と思うほどのインパクトを受けました。すごい劇空間だなと。

池辺　一〇代の少年ハロルドと八〇歳のモードというおばあさんの恋の話なんですよ。

若村　アメリカの青年映画監督が書いた、輪廻《りんね》の話も出てきたりするような面白いお話ですね。実は、私、これを演じたら引退しようと思っているんです（笑）。

池辺　いろいろあるんだね（笑）。

若村　この二つは特別なんです。

池辺　肝っ玉おっ母と……。

若村　それとモード。できれば仲代さんがなさった「おっ母」をやってから、宮崎さんがなさったモードばあさんをやりたいですけれど（笑）。

池辺　でもいいですね、そうやって生涯必ずやってみたい役を見つける、若い時にそうやって素晴らしいモデルを見るということ。範例を見られたっていうのは素晴らしいことだと思います。
若村　本当にそう思います。ありがたいことです。

山と山の清掃のこと

池辺　ところで、若村さんをめぐっては、少しびっくりした話があって、もともと東京の育ちでらっしゃるんだけれど、途中で一回、山に行ってるんですよね。
若村　はい、そうなんです。
池辺　山村留学といったらいいのかな。小学校の時に、ご両親が小学生の麻由美さんを長野県の北の方に……。何て呼ぶのがいいんでしょう?
若村　山村留学ですね（笑）。基本は一年間。住民票も移して、そこの村立の小学校に通ってましたので。

池辺　住民票移すの？
若村　ええ、住民票を移さないと向こうの公立小学校に入れないんですね。
池辺　ああ、なるほど。そりゃすごいね。
若村　農家にホームステイしながら、農作業のお手伝いもしたり、あと、山の中……、本当に山の中の過疎の村で、学校まで三・五キロぐらいの山道を歩いて通うんですけれど、その間に寄り道して、山の中に入ってって木の実を採ったり、キノコを採ったり、山菜採ったり、あけびを採ったり……。
池辺　いいねえ。
若村　知り合いの畑に行って一部食べたり（笑）。小学五年〜六年生の時です。
池辺　妹さんも同じように山村留学されたんですよね。
若村　はい、両親は、きょうだいわけへだてなく、みんな同じ経験をさせたいという考え方があって、習い事も全員に同じことをさせてくれました。
池辺　平等なんだ。
若村　かなり。私が三歳で日本舞踊を習い始めたら、うちは男の子もいるんですけれど、男の子も含めて全員に日本舞踊をさせてくれましたしね（笑）。もちろん、続く子と続かない子がいるんですけれども。
　ですから山村留学も、きょうだい全員、山村留学しまして、あと、弟の子どもたちも山村留学していますので、うちには八人、山村留学した人がいるんです（笑）。
池辺　ぼくはそれ、とても素晴らしいことをご両親がなさったなと思って感心するんですよ。そういう豊かな自然にふれる経験というのが土台になっているんだろうと思うんですが、この方は、いま、富士山清掃やってるんですよ。すごいですよね。
若村　すごくないですよ（笑）。
池辺　いや、すごいですよ。富士山はたいていね、登山の格好で行くんで、正装では行かないんですよ。それを正装で（笑）。いや、何の話だっけ、ちょっと話が変わりましたか……（笑）。
若村　そうですね。二〇〇二年に初めて活動に参加して、最初は富士山の中腹あたりを掃除しました。アルピニストの野口健さんとお仕事させていただいたんです。このきっかけは、NHKのトレッキングの番組で、五五四五メートルのヒマラヤの山に登ったことだったんですよ。
池辺　え？

若村　エベレストは八八四八メートルですが、エベレストをいちばん近くに見られる、一般の人がトレッキングで行けるいちばん高いところが五五四五メートルのカラパタールという山なんです。山登りやトレッキングがお好きな方も、今日の会場にはいらっしゃるかと思いますが、そこに行ったことがきっかけでゴミ拾いに興味をもったんですね。

池辺　そうなんですか。

若村　身体を高度に馴らすため、ナムチェバザールという、二〇一五年のネパールの地震でだいぶ壊れてしまった村なんですが、三日間くらいそこに滞在して、ちょっと丘まで上がったり下がったりする訓練を行って、そんな経験をさせてもらったことがきっかけで、山ってきれいだなと思うようになりました。

ところが帰国して富士山が美しいと思ったら、野口さんに、「いやいや、すごく汚いんだよ」って言われて驚きました。その頃は、みなさん富士山が汚れていることを知らなかったようです。富士山に登ってゴミ拾いを一緒にするようになって、今は樹海を清掃しています。

富士山とヒマラヤの「同時清掃」も

池辺　樹海って、入りこんだら自分がどこにいるのかわからなくなっちゃうっていう樹海ですか？

若村　そうですね。ただ、樹海には国道が走っていて、その近辺はゴミの不法投棄をしやすいんです。

池辺　なるほど、ゴミが出やすい場所が……。

若村　あるんですよ。

池辺　野口健くんは、実はぼくも彼が小さい時から知っています。八〇年代に、無名塾と仕事を始めた少し後の頃ですけれども、数年間、エジプトの仕事をしてたんです。毎年、何度もエジプトまで行って、首都のカイロに日本政府がオペラハウスをつくるっていう、それをどういうふうにするかっていう企画の時から、出来上がった時のこけら落としまで、多い時は年三回くらいエジプト行っていました。で、そのエジプトの日本大使館にいた公使の方が野口さんという方で、もうほとんど、見たところエジプト人にしか見えない日本人なんだけど、その人に息子がいて、よく息子と手をつないで、遊びに来ていました。それが健くんだったのです。一緒に食事したり遊んだりした記憶があります。

若村　まあ、そうだったんですか。

池辺　それが清掃登山、山の清掃で有名になっているんですね。

若村　彼は社会的な環境のことだけでなく、第二次世界大戦の犠牲者の遺骨収集もしていて、私より若いのにしっかりされているなぁっていつも思っています。

彼と、富士山とヒマラヤの同時清掃というのも続けています。日本一高い山と世界一高い山を同時に清掃して、清掃の成果をテレビ電話で報告し合うんです。そうすると毎年、多くの方が参加してくださるんですが、そういう活動をやることで、「自分たちだけでなく、皆でやっているんだ」ということを感じられると同時に、「いま、なぜここにゴミがあるのかを考える」ことにもつながってくるんですね。

池辺　壮大な話ですね。

若村　まずは自分の家のゴミからちゃんとしようねって（笑）。子どもたちが参加するとみんなすごく頑張るんですけれど、親御さんたちからは「自分の部屋も掃除してほしい」と言われることもあって（笑）。

池辺　亡くなった俳優で、ぼくもよく知っていた方が、「海の清掃をしよう」っていっていろんな人に呼びかけて、ぼくもちょっと募金に協力したりしたんですけれど、その奥さんの女優さんが、「この人は、海の清掃もいいんだけど、自分の部屋きれいにしてほしい」ってよく言っていました（笑）。同じですね。

金子みすゞの人生と作品

池辺　それとはちょっと対照的な話題になるかもしれませんが、今日のテーマは金子みすゞさんです。ぼくは神戸市役所センター合唱団から委嘱を受けて、金子みすゞさんのいくつかの詩に混声合唱曲をつくりました（「いのちと、こころと…」）。今日はあとでそれを演奏します。

さっき若村さんが話してくださったプロジェクト、エベレストや富士山の清掃という壮大な世界に比べると、金子みすゞっていう人は、普通は見過ごしちゃったり気がつかなかったりする小さなものに気がついて、そこに光を当てて、それを決して特別なものじゃなくて誰もが共感するような言葉ですくい上げているというところが素晴らしいですね。若村さんは、そのみすゞの詩を、ラジオで朗読をしてきたと聞きましたけれど。

若村　みすゞさんは、生きていれば今年一一五歳なんですけど、今から一五年前にNHKから、みすゞ生誕一〇〇周年記念として、五一二篇の残されている詩をすべて読んでくださいという依頼があって、それがきっかけでした。私は語りの勉強もさせていただいているんですが、詩を読むことがいちばん難しいと思っています。そしてその中でも童謡詩、簡単な言葉で書かれたものを読むことがいちばん難しい。

池辺　それはわかる。漢詩なんかだと、難しい言葉を使っていることもあるのか、ちょっと低い声で読んだりするとかっこよく聞こえちゃうんだよね。でも童謡詩とか、卑近な、日常語で書かれたものほど、読んで聞かせるのは難しい。

若村　本当にそう思います。誰でも読めますので、ぜひみなさんも、声に出して読んでいただきたいです。今日これから演奏される池辺先生が作曲された歌もありますから、歌ってみるのも素敵だと思います。黙読するだけでなく、声に出すことで、ずいぶん心持ちが違ってきますから。五一二篇全部読んでみて、そう感じました。

池辺　ああ、なるほど。

若村　あと、ご存じの方も多いと思いますが、実は金子みすゞさんってものすごく苛酷な人生を送られた方なんですね。作品を読むと、本当にきれいで可憐な詩がたくさんありますし、教科書にも載っていますが、そういう作品からはあまり連想できないような人生で。

池辺　そうなんですよね。

若村　みすゞさんは、一一五年前に山口県の仙崎という港町、漁師町で生まれました（現在の長門市）。

池辺　日本海側ですね。北側。

若村　そうです。きょうだいは三人いました。お兄さん、自分、弟で。でもお兄さんは親戚の家が途絶えてしまうからという理由で養子に出ました。弟さんととても仲良く育ってたんですが、お父さんが若くして亡くなってしまいました。お母さんはやがて、妹さんが亡くなるというできごとがあって、その嫁ぎ先だった上山文英堂という下関にあった本屋さんの店主と再婚されました。みすゞもお母さんとともに下関に移ります。

お母さんはとても心の豊かな人で、みすゞを伸び伸びと育てていました。みすゞは、もともと本が好きな文学少女で『赤い鳥』のような童謡雑誌などを読んでいて、本屋さんという環境は彼女にもよかったのではないでしょうか。一八歳頃から詩作を始めて、二十歳《はたち》の時に童謡誌に作品を投稿したら、四つの童謡誌に全部掲載してもらえたんです。

池辺　へえ、そりゃすごい。やはり才能があったんですね。

若村　詩人の西条八十さんからは、「若き童謡詩人の巨星立つ」とも言われて、すごく期待されました。

ところが叔父さんに、その上山文英堂の番頭さんだった人と――好きでもない人と――結婚させられます。二二歳の時のことでした。まったく価値観が違って、お互いにとって不幸な結婚でしたが、二三歳の時にふさえという一人娘が産まれます。

しかしみすゞの夫は、女性問題が原因で上山文英堂から解雇され、生活していけない状況になってしまいました。

池辺　その人、財務事務次官？　あ、違う？（笑）

若村　しかも、その後も夫の放蕩《ほうとう》癖はおさまらず、みすゞ――「みすゞ」はペンネームで本名はテルというんですが――が、その夫から淋病《りんびょう》をうつされてしまいます。淋病も、当時は不治の病で、テルは苦しみました。そんなこともあって、ふさえが三歳になる時、ようやく離婚が成立するんですが、あの時代のことですから、親権は父親が持っていくんです。そのことですったもんだがあって、一度はテルがふさえを育てるということを夫も受け入れ、テルの母親とふさえの三人で暮らしていました。ところが一九三〇年二月、夫が考えを変え、腕ずくでふさえを連れ戻しに来るという宣告をしてきたため、テルは覚悟を決めました。

まずふさえを連れて写真館に行って、証明写真――みなさんがよくご覧になっている金子みすゞの肖像写真ですね――を撮りました。それから桜餅を買って、家に帰り、三歳の娘とゆっくりお風呂に入って――この頃は、ふさえとは一緒にお風呂に入れなくなっていたんですけれども――たくさん歌を歌って、童謡を歌って、それからふさえがすやすやと眠る顔を見て、その後、服毒自殺をするんです。

テルは、自分の気持ちを遺書に残していました。「ふさえは私の命にかえてあなたには渡さない。母ミチに、心豊かな子に育ててほしい。私の命にかけてお願いだから連れていかないでください。」と。

深いところで受けいれようと

池辺　壮絶な人生でした。

若村　そうですね。そういう人が、ああいう感度の高い詩を残しているということに私は心をうたれます。この世界も人生も、きれいなことばかりではなくて、むしろ、つらいことや目を背けたいことも多い。だからこそ、みんなを好きになりたいなとか、みんなが違うということを認めねばならないという詩が生まれたのだろうと思います。そこには、テルの深い思索と切実な願いが込められていたように、あるいは、自分がこうありたいという願いを詩に込めたのかもしれません。

子どもの頃から何ごともよく観察していた人でした。「大漁」では、「浜はおまつりのようだけれど、海の中では漁でとらえられた何万のいわしの弔いをするだろう」と詠んだ有名な詩がありますが、想像力の非常に豊かな人だったことがわかると思います。あるいは共感力ともいえるかもしれません。それは物事を深く観察し、様々な視点からとらえることができたからこそではないかと思います。
今日はみなさんに、きれいなところだけでなく、みすゞがどう苦しんで、もがいて生きたのか、そんな人が作った詩であるということを知っていただけたらと思いました。
池辺　ぼくは詩を読むのが好きで、立原道造とか、やはり山口県の人ですけれど中原中也とか、萩原朔太郎とか、そういう人たちの詩は諳《そら》んじるくらい知っていて大好きです。ただ金子みすゞの詩は、いい詩だなと思っていましたが、そうした人々の詩ほど関心はなかったんです。でも、たまたまこの合唱団（神戸市役所センター合唱団）の委嘱を受けて、あらためて彼女の詩を読んでいるうちに、自分のアプローチ、自分の近づき方ができるんじゃないかっていうことを考えついて、そう思って作曲したんですよ。
若村　金子みすゞの作品は、二十歳の時に童謡誌に掲載された詩を除くと、生前には日の目を見ませんでした。一九八四年に初めて世に出たんです。亡くなったのが二六歳の時（一九三〇年）ですから、それから半世紀以上経って、詩人の矢崎節夫さんがみすゞの遺稿集を発掘して世に出され、それから一気に知られるようになりました。
池辺　ああそうなんですか。

若村　ですから今は彼女の詩が教科書にも載っているんですが、私の世代の時は載っていませんでした。その頃まだ発表されていなかったんです。テルは、大切な娘を守るために死を選びましたが、こうして自分の詩を歌にしてくれて歌ったり聞いたりするのを、喜んでくれると信じます。

娘のふさえさんは、お母さんが自殺したということで、自分は捨てられたのだと思っていた時期があったそうです。母が自分を置き去りにしていなくなってしまったと。でも、みすゞの詩が世に出回って、その生涯に光が当てられたことで、「そうではなかったんだ。愛されていたんだ。」ということをお知りになってから、ものすごく明るくお元気になったそうです。九二歳のいまもお元気なんです。

池辺　そうなんですか、それは素晴らしいことですね。でも、いま言われたような背景がありながら、みすゞの詩っていうのは、ただ読んだだけでは、つらさとか重さとかが見えてこない感じがしますね。すごく優しいまなざしで、自分につらい思いをさせた相手を憎んだり、否定したりしていない。

若村　受けいれようとしているんですね。すごく深いところで。

池辺　それが素晴らしいところですね。

（二〇一八年四月二九日、神戸新聞松方ホールにて。神戸市役所センター合唱団などを中心にした実行委員会による「みどりのコンサート27」での記念トーク）

第2章　詩がある、洒落《デペイズマン?》もある作曲生活——小池昌代さんと

交響曲という砦

小池　詩がお好きだそうですね。中原中也とか立原道造とか。

池辺　好きですね。中也は中学か高校のころに合唱曲に書いています。「あ、十二時のサイレンだ、サイレンだサイレンだ」という「正午　丸ビル風景」。

小池　あれはいかにも現代曲になりそうですね。プロになってからはいかがですか？

池辺　中也とか道造の詩では全然書いてなかったのですが、四年ぐらい前に、歌とチェロと打楽器とハープという変わった編成の室内楽グループのために、はじめて中也で書きました。依頼者から電話がきて、なんという曲ですかというから、「なんにも書かなかったら」と言ったら、「は？」とびっくりしてました。それが詩のタイトルなんです。

小池　タイトルに丸括弧がついた、生前は発表されなかったものですね。

池辺　かっこつけたくなかったので、括弧を取ったんです。

小池　あはは。私の詩の合唱曲「窓の声、光の声」の初演のときもお客さんを盛んに笑わせていらしたし、N響アワーのころから池辺さんの駄洒落《だじゃれ》は知ってますが、駄洒落を言う人の頭の構造にすごく興味があって、似たものが瞬間に結びつくんでしょうね。

池辺　シュルレアリスムの絵の手法にデペイズマンというのがありますが、あれが起きるんじゃないかと思っているんです（笑）。本来同居すべきではないものがそこに来てしまう。シュルレアリスティックな構造なんです。黒澤明監督が、君の駄洒落ね、病気、と言っていた（笑）。そうか、病気なのかと思いました。

小池　瞬間的に出てくるんですよね。

池辺　咄嗟《とっさ》ネタとストックネタとあるんです。

小池　破竹（八九）の勢いで書いて、苦渋（九〇）の思いで……というのもありましたよね。

池辺　交響曲のことね。八番、九番と書き終えて、いま一〇番にかかっています。

小池　どの位まで書かれました？

池辺　全然。頭の中で考えている段階です。

小池　やっぱりお仕事の中心には交響曲があるんですか。

池辺　そんなこともないんです。いまはお寺に頼まれた曲を書いているんですが、そう

いう頼まれた仕事はなにか目的があって、それに沿わなければいけない。そうではなくて自分の自由に書ける曲の時にそれを交響曲と呼ぶということにしています。全部注文仕事ばかりになると忸怩《じくじ》たるものがあるので。交響曲という名称は自分勝手にやっているんだという宣言でもあるんです。

小池　なるほどね。現代詩人はほとんど注文ということがないんですけど、注文がなくても書くということを残しておかないと、それが最後の砦《とりで》みたいなところがありますよね。

池辺　ものを創る人間はどの分野でもそうだろうという気がします。絵描きも王様の肖像ばかり描いていてはつまらない。その中に自分の主張をどう入れるか。フェルメールなんかもそうで、自分の手法をどう取り入れるか、光の射し方をどう工夫するかが勝負のしどころになる。それをやってないと創作をする人間はどんどん落ち込んでいってしまう。自分の場を確保しておくという意味で交響曲は大事なジャンル、創造の自由のための方法論なんです。

小池　逆に頼まれた仕事の制約とか他者が関わってくるなかでの創造も、制約ゆえのやり甲斐はないですか。

池辺　それなりに面白がらないと仕事はできないです。詩でも子ども向けのものを書いてくれとか言われたりするでしょう？　ぼくの友達の画家が、ある会社の社長室にかける絵を頼まれて描いたら、花が下を向いているからだめだと突っ返されたそうです（笑）。ぼくも頼まれて曲を書くときは注文に応じないといけない。「ハムレット」に出てくる旅回りの劇団は王子ハムレットに頼まれてこういう芝居をやれと言われてやる。王殺しのシーンを入れて注文に応じるわけです。

調性音楽も書くが……

小池　このCD『Little by Little』のなかの「六つの子守歌」は池辺さんの音楽の中で一番知られているものですよね。

池辺　楽譜がめちゃくちゃ売れているんです。再版が六〇回ぐらいになっている。混声版も女声版もそれぞれそのくらいなんです。

小池　池辺さんの作曲とは知らないで、その中の「風の子守歌」を子どもに歌っていたんです。あの歌は風の方角が急に変わったりするんで、寝かさなきゃいけないのに寝ないんですよ。

池辺　あれは別役実さんがちょっとひねっているから。

小池　別役さんの詩、面白いですよね。

池辺　死んだ人を数えながら吹く、とかね。

小池　私が一番好きなのは「いつもの子守歌」なんです。すごくいいメロディで虚無的な感じもして。ユーチューブでこの曲が人工の声、ボーカロイドの合唱で歌われているのを聞いたんですが、それも妙にシュールな、現代的なかんじがしてよかった。現代作曲家と現代詩人による曲はこういう形でも未来に渡される可能性はあるんだなと思いました。ロボットがうたう子守歌（笑）。こういうメロディを、交響曲ではお書きにならないですよね。

池辺　それは我々が負っている宿命みたいなものですね。合唱の場合はだいたいアマチュアの合唱団から依頼されることが多いから、それぞれの合唱団の力の程度を考慮に入れないといけないし、そうすると調性のある音楽で書かざるを得ないんです。ところが今自分たちが生きている世界を写し取る仕事をしようと思ったら、モーツァルトやベートーヴェンと同じ様式で書くわけはない。今を表す様式で書かないといけない。合唱なんかはそうはいかないので、調性音楽を書くのは便法なわけですが、ただ、調性音楽は現代ではなくなったものかというとそうではないと思うんです。調性音楽でも自分の言いたいことと絶対言いたくないことの峻別《しゅんべつ》はできると思う。

小池　そこは聞きたかったんです。

池辺　もはや調性音楽だから現代にはそぐわないとか、調性がないから現代的だとかいった様式上の分別は意味を失ったと思います。一九八〇年ぐらい以降は、そういう分け方をしても何の意味もない。だから調性音楽であるから古いとは思ってはいません。でも本当に自分の書きたいものを書くときはこうはならないと思うんです。子守歌ではなく交響曲になる。そういう自分の書きたいものを確保しつつ、注文仕事でもどんなところでも自分が表出されるだろうと意識しながら仕事をしていくわけです。

小池　「いつもの子守歌」のように、現代音楽を作っている作曲家がこういう調性音楽を書くときに驚くような美しいメロディを書いてくれることがあるんですよね。美智子皇后の詩に、山本直純さんの奥様の山本正美さんが「ねむの木の子守歌」を書いた、あれも本当に美しいメロディです。

池辺　日本の現代音楽を牽引《けんいん》してきた湯浅譲二さんも、「ビュワーンビュワーンはし

る」（「はしれちょうとっきゅう」）や、「インディアンがとおる」の歌なんかを書いている
わけです。これも湯浅譲二だと、御本人も言うわけ。そういう部分は創作をする人間には
あると思います。

小池　詩でいうと、谷川俊太郎さんが一方で鉄腕アトムの歌の詞を書いて、もう一方で
自分の詩を書くようにね。素人の立場からは、こんなきれいなメロディを作曲しているの
だから、もうちょっと書いてくれてもいいんじゃないのと思ってしまう。でも自分のおや
りになりたいのは別にあるというわけですね。

池辺　そうですね。僕の場合は、すべての作品が「六つの子守歌」みたいになったら、
困る。そういうふうにはしたくならないと思うんです。

曲のアイデアとイメージ

小池　「翳《かげ》る」という十七絃箏《じゅうしちげんそう》の曲を聴いたんですけど、箏という感じがしなくて、現

代音楽家は今までの楽器のイメージを覆してくれるんだなと思い新鮮でした。

池辺　「凍る」という箏の曲は同じ曲が二つ並ぶんです。片方は江戸時代からある調弦法で、左手で弦を押しながら弾く。もう一方は江戸時代よりも低く調弦して、常に押してそれを高くするから、結果的に江戸時代の調弦に近づく。逆のコンセプトで同じ曲を順番にやる。この曲の主眼は聞こえてくる音よりもそのコンセプトですよね。そのコンセプトに賭けるということも現代物にはあります。

小池　ファゴット協奏曲もそのスペルにちなんで、F（ファ）、A（ラ）、G（ソ）の三音が中心になっているとエッセイで読んで、吃驚《きっきょう》しました。現代詩も短歌もそうですけど、ぱっと見てわからないいんだけど、誰かがそれについてちょっとなにかを言ってくれると俄然《がぜん》その作品が光ることがあります。

池辺　「ライオン」という曲はぼくが二〇代のときの曲ですけど、金管楽器が一六人いるんです。四人ずつ四つのグループがある。金管楽器が吠えたてるからライオンなんだろうとか、真鍮《しんちゅう》の金色がライオンの鬣《たてがみ》の色なんだろうとか言われたんですけど、全然そうではなくて、四本のグループが四つでシシ（獅子）一六だからです。

小池　やだ（笑）。最高ですね。隠し込まれていたとは知りませんでした。

池辺　それから邦楽器の笛、尺八、竜笛、篠笛、笙《しょう》とか十数人の曲を書いていますが、タイトルは、「竹に同じく」というんです。日本の管楽器はほとんど竹だからですけど、日本では管楽器のことを「つつ」と考える。筒は「竹」に「同」なんです。

小池　なるほど！　面白い（笑）。池辺さんはそうとう言葉からイメージを取り出してくるんですね。

池辺　言葉は好きですね。

小池　チェロの協奏曲の「木に同じく」も、章の一つ一つに「根へ」とか「枝で」とか名前がついていて、それをとっかかりとしてイメージを膨らませていけます。

池辺　音楽は音楽だけで他のなににも関わらないという説が昔あったんです。一九世紀半ばのドイツの音楽学者ハンスリックが主張してブラームスを擁護しワーグナーを批判した。日本が明治に西洋の音楽を輸入したときその思想も一緒に入ってきて、いまだに古いタイプの音楽家はそれを絶対的に自分の信仰みたいにしているんですね。この曲には海が見えるというような音楽の受け取り方に、例えば故・園田高弘さんなんかはひどく反発してました。まだハンスリックが生きている（笑）。しかし日本人は古来、音楽を音楽だけでは捉えてこなかったと思います。必ず語り物とか演劇的なものとか舞踊とか詩歌とか、なにかと結びついていた。ヨーロッパみたいな絶対音楽的な考え方はない。例外は江戸時代に八橋検校《やつはしけんぎょう》という人が作った「六段の調」という箏曲で、これは六つの変奏曲ということです。珍しい絶対音楽。あとは「梅にも春」とか、なにかと結びつけている。日本人は音楽を聴くと音楽以外のものと結びつける能力に長《た》けているのではないか。

小池　そう思いますね。

池辺　タイトルは聴く人の気持ちを喚起するだけでいいと思うんです。

小池　描写でなくても、とっかかりでいいんですよね。武久源造さんというチェンバロ奏者の演奏をカザルスホールで聴いたことがあるんですが、目が見えないのにあなたからは青い光を感じますとか、初めて会った人に色を感じるみたいで、すごく面白いなと思ったんです。

池辺　彼は松山の人で、松山の民放が彼の幼少期から追いかけていてドキュメンタリーを撮ったんですが、その番組の音楽をぼくが担当しました。その番組の中で衝撃的なシーンは、東京で彼と友人、二人とも目が見えないんですが、喫茶店で向かいあっていて、「なあ、目が見える人は手の届かないところにあるコップにどのくらい水が入っているかわかるんだよな、まるで宇宙人だよな」と言って笑い合う。ものすごく軽い調子なのですが、その言葉は衝撃的でした。ぼくらは目の見えない人を「パーフェクト・マイナス1」と思う。健常より一つ足りない気の毒な人。でもそれは間違いなんじゃないか。彼らはマイナス1と思っていない。それで足りているわけです。目が見えるということは宇宙人なんです。ぼくらもかなり足りないものがあるのに気がつかなくて、たとえば誰々さんは未来がわかる、まるで宇宙人だと言うかもしれない。源造くんは真っ暗な下宿に帰って自分で調理して食べている、電気をつける必要がなくてかえって便利かもしれない。自分たちがパーフェクトだというぼくらの考え方は不遜なのではないか。もちろん今の社会は我々健常者に合わせてつくられているから、目の見えない人に不便はあるのだけれど、概念として、我々はパーフェクトであなたはマイナス1というのは不遜だと思う。それはそのドキュメンタリーで源造くんから教わったんです。

小池　そうですか。そのドキュメンタリー、見たいですね。純粋な音の世界を考えているときに人間というのはどこを見ているんでしょう。

池辺　盲目の方達はぼくらよりもはるかによく聴くでしょうね。

音の重力と反逆

小池　音はほうっておくと落ちていくとどこかでお書きになっていましたね。面白いんですけど、重力で落ちていくわけではないですよね。

池辺　重力だと思いますよ。上げるときには力が要る。ドレミファソラシドを拳に力を入れながら歌うと力の入れ甲斐がある。反対にドシラソファミレドと下がるときは力を入れても空しいんです。応援歌を書くとき「かっとばせ」を下降音ばかりで書いたらバッターは力が入りません。

小池　なるほど。下がるとき力を入れるのは空しい……。

池辺　ただ、それが常識なので、それに反することをやるのも手なんです。下りてくるときに力のこもる歌もある。たとえば「オー・ソレ・ミオ」。滝は落ちてくるけれどもエネルギーを感じる。例外が新鮮なこともあるんです。

小池　面白いですね。昔、学校の先生が作曲しろと宿題を出したときに、日本語にはアクセントがあるから、このアクセントに沿うようにつくれと言われてそんなことできないと反発したことがありますけど、どうですか。

池辺　意識はします。でもアクセントよりも音楽的な流れのほうが優先します。アクセント通りにできているからいい曲ということは絶対にない。武満徹さんの「死んだ男の残したものは」は、旋律がことごとくアクセントと逆なんです。だけどすごく素敵で、そのことによって世の中への反逆とかアンチテーゼが感じられる。あの曲は、頼みにきた人を玄関先に待たせておいて十分ぐらいでつくって渡したと言っていました。そんな短時間に反逆心がどうとか考えませんよ。そうなってしまったんでしょう。

ドラマを音色から発想する

小池　いま池辺さんはピアノを使って作曲なさるんですか。

池辺　あれば使います。

小池　なくても頭の中でできると。

池辺　ないと仕事が速いです。だけどどこかでわかったように書いてしまう。昔やったことを思い出しながら書くから。自分に発見を強いるためにもピアノを弾いてみる。もちろん黒鍵も弾きますよ。

小池　?……あー（笑）。でも頭の中に音が鳴るというのは面白いですね。

池辺　個性とか主張の必要のないドラマの音楽を書くときなどは、なにもなしでぱあっとやってしまうこともあります。

小池　だけど映画の「楢山節考《ならやまぶしこう》」とか、やっぱり迫力があるんですよね。山から風が下りてくるみたいな。

池辺　あれは篳篥《ひちりき》を二本使っています。それを接近した音どうしでからませる。そうすると、ねちっとしたおどろおどろしい感じの土臭い音になる。楽器の音色で発想するんです。同じ今村昌平監督に「うなぎ」という映画がありますが、ジューズハープ（口琴《こうきん》）で音楽を書いた。

小池　ああ、ありました。それだったんだ。

池辺　楽器を演奏してみせてこれがうなぎを思わせるんだと言うと、監督はわからんと首を傾げていましたが、できあがったら面白いと言っていました。

小池　長いデンキウナギみたいなのがびよよーんと痺《しび》れているようなイメージが画面を見ていて感じられて、とても面白かった。

池辺　篠田正浩監督の「瀬戸内少年野球団」ではグレン・ミラーを使いたいと篠田さんが言ったんです。だからリコーダーとかアコーディオンとかハーモニカとかいった子どもの楽器でグレン・ミラーをやった。そういうふうに音色で発想することが多い。

小池　楽しい！　とくにお気に入りの楽器はありますか。

池辺　うーん……オケの曲を書くとき、ハープは入れても入れなくてもいいんだけど、ぼくは大抵入れます。気に入っていると言えるのかもしれない。

小池　なぜですか？

池辺　表現力が一・五倍ぐらいになる感じがするんです。

小池　奥行きがでるんでしょうか。ファゴット協奏曲のときにソロのファゴットのほかに三本入れたのが面白かった。

池辺　あれはアンチテーゼ。普通はたとえばモーツァルトのクラリネット協奏曲だったらオケからクラリネットを外すわけです。それを逆にして、オーケストラの中のファゴットと対抗させる。
小池　すごく面白くて、なぜこのことに気がつかなかったんだろうと思って。とても新鮮でした。

幼少期の追憶

池辺　小池さんは生まれは……。
小池　深川なんです。そこで育ったので、書き始めるときに水のイメージがいっぱい出てきました。
池辺　ぼくも水のある町が好きです。広島なんかそうですね。ちょっと歩くと川がある。大阪もそう。柳川とかヴェネチアとか運河のある町もいい。
小池　広島の人は深川に来たときに、町の感じがとても似てると言ってました。ずっと世田谷なんですか。

池辺　本籍はそうですけど、小さい頃は水戸に疎開していて、中学校に入るときに東京に出てきました。北沢中学。だから転校という経験がないんです。

小池　じゃあ人間関係もじっくりつきあってこられたんですね。

池辺　小学校は一学年一クラスしかなくて、それが六年間続いたんです。今でも出席番号順に名前をフルネームで言えます。今、同窓会の世話役が立花隆さんの妹で、家同士が仲が良くて、一緒に東京に引っ越したんです。

小池　そうでしたか。

池辺　小池さんは子どもの頃、家の側に材木置き場があったそうですが、ぼくの家の前は石置き場だったんです。そこが遊び場でした。滑り台みたいな平らな石が立てかけてある、そこで遊んで大怪我をしたことがあります。小池さんが『マーガレット』を読んだようにぼくもそこで『少年クラブ』を読みましたよ。

小池　私も池辺さんのエッセイを読んでいると、なんだか似てるわって感じることが多いんですよ。そして子どもの頃よく遊ばれたんですね。

池辺　そう。学校ほど楽しい所はなかったですよ。大好きだった。家にいたくなくても学校にはいたかった。

小池　そこが私とは少し違って羨ましいです。友達がいっぱい。友達づくりもお上手ですよね。

池辺　上手なわけではないんだけど、ぼくは性癖として子どもの頃から今日に至るまで七〇年以上生きてきて、誰かを嫌いになったということがないんです。

小池　まあ！　すごい！　それ驚愕《きょうがく》。

池辺　男女共学でした（笑）。喧嘩はしましたし、殴り合いもやりました。プラットホームでやって下へ落ちて列車が止まったこともありました。大議論もしましたけど、だからといってそいつを嫌いになるわけではない。次の日にはまた仲良くなる。

小池　みんなに愛されるんですね。『空を見てますか…』というエッセイ集にご親友の話が二篇あって、短編小説みたい。人間を見る目が本当に温かくてしかも導入部分が小説のはじまりみたいなんです。

池辺　小説はもう少し屈折してないとだめですよね。「えたいの知れない不吉な塊が私の心を始終圧えつけていた」（梶井基次郎『檸檬』）ぐらいに。詩もね、学生時代は怠慢な同人でしたけど二つ所属していたんです。『話の特集』という雑誌がありましたが、それを真似て、中学の同級生でいま日本のイラストレーターのトップになった男がいて、矢吹申彦《のぶひこ》というんですが、こいつが表紙を書いてくれて、『これが表紙です』という同人誌なんです。これはぼくの命名。ふざけてますよね。「雪投げ」という詩を書いたのを覚えています。「裏山で雪投げをしたときに／みんなが彼女にばかりぶつけて／十一歳の色気が雪をとかし……」。「それは私のこと?」とこの「彼女」がおばさんになってから言ったという笑い話です。

小池　じゃあ詩に対する感受性は子どもの頃からですね。

池辺　子どもの頃から詩は好きでした。

言葉の音はおもしろい

小池　言葉を音として感じるということはありますか。

池辺　室町時代の洒落の本を持っているんです。言葉遊びです。これはなぞなぞの形を取っているんですけど、たとえば「天狗の涙」とはなにを指すか。答えは俎《まないた》。天狗はかつては猿田彦だったけど室町時代は魔物の代表、魔なんです。それが泣いた。で、ま・ないた。「近き間にかならず参りまする」は？　答えは粽《ちまき》。「ちかき」の間（真ん中）に「か」ならず、「ま」入りまする、で「ちまき」になる。これが室町時代の遊びで、だからぼくはかなり正統な日本人なんです（笑）。言葉がすごく好きなんですね。ただ萩原恭次郎とか西脇順三郎とか、読みはするけどそれほど好きというわけではない。西脇は面白がって読むけど後に残らないね。ジェームズ・ジョイスの言葉遊びみたいなものでしょうか。

小池　そうなんですよね。西脇順三郎はそんなところがあります。彼は、ぼくの詩は音読するなと言ったんです。黙読して頭の中で音楽を響かせて読んでくれと。だから音楽なんです。聴いたら終わり、忘れてしまう。

池辺　アポリネールが文字を大きくしていってメガフォンの形を作ったりするのも面白いけど、これは感動するものでもない。

小池　白秋はどうですか。

池辺　柳川あたりをうたったものが好きですね。「チンカジョン」というのは小さいお兄さん、「ノスカイヤ」は遊女屋です。舶来言葉があちこちあるのが、子どもの頃すごく好きだった。柳川は何度も行って、舟に乗って運河めぐりをするんです。ノスカイヤだったところから乗って、終点まで行って、うなぎに錦糸卵をかけた丼を食べて、そのあと自転車を借りて運河沿いにずっとサイクリングコースを駅まで戻ってくるんです。もう二〇回ぐらいやっています。白秋の生家もあります。

小池　そんなにお好きですか。私は「この道」とか「からたちの花」とか歌が好きです。

池辺　歌もいいですね。「あかしやの金と赤とがちるぞえな」（片恋）とか。ちょっとノスタルジックで異国情緒があるようなのがすごく好きだった。朔太郎も好きですよ。

小池　そうですか。でも曲はつけにくいと思いませんか。

池辺　作曲したことはないですね。読むのはすごく好きです。

小池　朔太郎にもいくつか定型的な詩があって、私、一曲だけ作曲したんです。単純な曲なんですけど、萩原朔太郎賞をいただいたときに、萩原朔太郎記念館にピアノがあるんですね、自分で弾いて、こんなの作ってみましたと言って歌ってみたら、附属のアマチュアの合唱団がいて朔太郎作品だったらなんでも歌うのだそうで、私のつくった変な曲も歌ってくださいました。

池辺　それはすばらしい。去年、室生犀星の詩で曲を書いてくれと言われて、二つ書いたら、犀星の記念館に展示してくれた。ＣＤに入れたのでサイセイしたらすぐに聴けます（笑）。

小池　犀星の詩はどうでしたか。

池辺　中学生の頃に「ふるさとは遠きにありて思ふもの」（小景異情）の詩に曲をつけたことがあって、それは思い出せないんで新たに書きました。それと「美しき川は」と二つ書きました。あと山村暮鳥《やまむらぼちよう》の初期が好きですね。終わりの頃は作風が変わってしまいますけど。『聖三稜玻璃《せいさんりようはり》』の頃はストイックで研ぎ澄まされている。「たにがはにぎんのあゆ／うづまくあゆのほつさ」（印象）とか。これは歌曲にしたことがあります。

小池　池田康さんが池辺さんの音楽について書かれた論考（池田康「池辺晋一郎の音の作劇術――ロマンティシズムを越えたステージへ」、『洪水　詩と音楽のための』第一六号）には「反ロマンティシズム」とありますが、反面、池辺さんはとてもヒューマンなところもあり、二面性が興味深いのですが、そこらへんのご自覚は？

池辺　ないですね。アンチ・ロマンということは自分ではあまり感じませんが、若い頃は目指したことはありました。そういうことに左右されないザッハリッヒな人間にしむけようと考えたことはあります。所詮だめだということがわかりました。

小池　でも池辺さんの現代音楽を聴いていると、感情が現代人として動かされるというか、ベートーヴェンやモーツァルトとちがった、現代曲じゃないとしっくりこないような感情が動かされるということがあります。変拍子の面白さのこともお聞きしたいんですけど、現代曲にとっては一つの素材、テーマですよね。詩歌で言うと、字余り、字足らずでしょうか。最近、百人一首を詩に訳したのですが、千年前の変拍子に感情を揺さぶられました。池辺さんは意識しておやりになることもあるでしょうし、必然的にそうなることもあるんでしょうね。

池辺　後者のほうが多いですね。とくに言葉があると必然的にそうなる。言葉のリズムを重視するから。俳句は自由律がものすごく力を持ちますね。山頭火の「酔うてこほろぎと寝ていたよ」とか「雨ふるふるさとははだしであるく」とか。

小池　いいですよね。沁《し》みてくる。

池辺　あれを無理やり五七五に入れようとするとどこか余計な表現になるんでしょうね。

小池　そうですね。それで字余りは人の意識の速度を遅らせるので、淀みができるんです。読むほうもゆっくり読む。

池辺　淀みができるというのはよくわかりますね。

小池　時間の流れが遅くなります。

ざわめきとくぐもり

小池　合唱曲「窓の声、光の声」では、全部がメロディーになってなくて、一部が語られるように歌われるのが印象的でした。

池辺　それと「わたし」という言葉をウィスパーで囁《ささや》くように歌わせたり。

小池　たしかに自分の中で「わたし」はいつも囁き声で出てくるんですよね。ほとんどの詩は一人称で書かれているので、ほとんどの詩人はイメージの中では「わたし」を括弧書きでくぐもった声として書いているように思います。エッセイで、紙をぐしゃぐしゃと丸める音が子どもの頃好きだったと書かれていますが、音に関する鋭敏なところがあるのでしょうか。

池辺　両足の親指に輪ゴムを掛けてびーんびーんと鳴らせるとか、よく遊びました。大学時代に真剣に、オーケストラ団員全員が一斉に爪を切ったらどんな音がするだろうかと想像していた。八〇人ぐらいが一斉にやったら面白い音がするのではないかと。結局、曲は書かなかったですけど。

小池　面白い。飛んだ爪がどこへ行くのか心配ですね（笑）。わたしはざわめきというのが好きで、顕微鏡で見ればいろんな意味が入っているんだけれども、遠景になったときにわーんというざわめきになる、あれがいいなあと思って。

池辺　子どもの頃、布団に入ると遠くのほうでぶーんと聞こえて、母親にあれはなんの音と聞くと、庭でおけらが鳴いているんだと言われた。母親が勘違いしてそう言ったのか、全部まとめてそう表現したのかわかりませんが。

小池　おけらは地中にいるから聞こえるわけはないですよね。お母様も面白い。私も子どもの頃、昼寝をさせられたときの音がすごく残っています。あれもなにかが混ざっているんですよね。一つの音じゃない。

池辺　昼下がりって独特の感じがある。午後の早い時間は、なんか普段と違う音がするような感じがして。小学校高学年ぐらいでドビュッシーの「牧神の午後への前奏曲」を聴いたときに、昼下がりの空気の匂いがするような音楽だと思ったんです。ちょっと気だるくて。

小池　わかります。芝居をやっている方が、光でも朝の光と午後の光と夕方の光で全部違うんだと言っていました。舞台で見ていたら、たしかにそうです。

池辺　優れた照明家と惰性でやっている人との区別はそういうところですよね。本当に細かく考えている。フィルターを入れて微妙に変えたり。

小池　池辺さんの曲は演劇的要素があるような気もするんですけど、ご自身でどうですか。

池辺　そう思います。演劇は本当に好きで、高校生の頃は芝居ばかり見ていました。文学座とか俳優座とか民藝とか、新劇です。演劇鑑賞の団体の会員でしたから、毎月何回か行くわけです。東京藝大では演劇部に入ったんですけど、全然舞台に立たせてもらえなかった。音楽を書かされて。二年上の油絵科の女性の部長に文句を言ったんです。作曲科の学生が部活で作曲をするわけないじゃないですかと。そしたら鼻先で笑われて、じゃあなにやりたいの、まさか役者をやりたいわけじゃないわよねと。結局、役者は断念した、そういうことがありました。

小池　でも池辺さんは声がいいですよね。通る声だし、歌ってもいいんじゃないですか。

池辺　歌っていたころもあります。高校の頃は合唱部をやってました。藝大演劇部で初めてかかわった演劇がイヨネスコだったんですが、それ以来、四八〇本ぐらい芝居の仕事をしましたがずっとイヨネスコはやらずにきて、去年四八一本目ぐらいで再びイヨネスコの「授業」を無名塾でやりました。久しぶりでしたね。

スクリーンとステージはちがう

小池　映画につける音楽と芝居につける音楽はちがうんですか。

池辺　大きな違いは〝対位法〟が利くかどうかです。黒澤明監督の話ですが、映画の音楽は寄り添い過ぎても駄目だ、と。「ぼくの昔の写真（映画人のスラングで映画作品のこと）で《酔いどれ天使》というのがあるが、その中で傷心の三船君がとぼとぼと夜道を歩いてくると、一本の電柱の天辺についた安い電球がこいつを照らすんだよ、そこにちっちゃな安スピーカーがついていてこのスピーカーから明るいカッコーワルツが流れてくる、そうすると惨めな男の惨めさが余計に引き立つ、君これね、対位法というんだよ、逆のことをやるから活きるんだ、音楽とはそういうもんだよ」と、よくそんなことを話された。ところが、これは映像ならできるんだけれど、芝居ではできないんです。舞台で男が惨めにとぼとぼと歩いていてカッコーワルツが流れたらこの役者はたまったものではない（笑）。生身の役者の場合は、黒澤式対位法なんかやったら演技するほうは困ってしまうんです。これは演劇では使えない。

小池　どっちが難しいとかありますか。

池辺　どういう音楽にするか判断するのが難しい場合はあります。商業演劇で、クライマックスが大坂城落城で、炎の海なんです。そこに壮大な音楽を書いてくれと演出家が言った。しかし、炎の中で、淀君が悔恨の情の中で死んでいくわけです。ここは大坂城落城のスペクタクルの音楽ですか、それとも淀君の悲しみの音楽ですかと演出家に聞いたら、どっちかなあ、お任せしますと言ったんです。ぼくはかちんときた。それを決めるのが演出家じゃないですか。それならこの演出家を困らせてやれと「ドファファファシファシファシシミシファ」と全体を四度気味《よどぎみ》に書いたんです（笑）。それを説明したら、演出家は、面白い、いいですねと言ってました（笑）。

小池　面白いなあ（笑）。しばしば私も、映画を見たり芝居を見ているときに音楽のことを考えますね。映画の「2001年宇宙の旅」はクラシックの曲を使っていましたね。
池辺　リヒャルト・シュトラウスの「ツァラトゥストラはかく語りき」ですね。
小池　とても斬新でした。ミスマッチなんだろうけど妙に合うんですね。
池辺　「ド・ソ・ド」と上がるでしょ。五度という音程は、永遠とか遠い距離とか未来とか、そういうことを感じさせるんです。
小池　本当ですね！
池辺　あれが「ド・レ・ミ」だったらだめなんです。
小池　間抜けですよね！
池辺　五度の音程は普遍的なものなんです。
小池　「ピアノ・レッスン」という映画はマイケル・ナイマンという人が音楽で、いいんですけど、すごく扇情的なんです。こっちが泣こうと思っていると、さあ泣けみたいな。とても人気のある作曲家のようなんですけど、ちょっとやり過ぎかな、映画音楽は難しいと思いました。
池辺　どう判断するか、考えるのが一番楽しいプロセスです。どういう傾向、どういう方向にしようかと。今村昌平監督とはよく議論しました。電話で一時間ぐらい話していたこともある。「ええじゃないか」の最後で主人公・源次（泉谷しげる）たち何人かが体制側から撃たれて死ぬ。はじめはサックスのソロ、そのあと三味線ロックで威勢よくやったんですが、監督はずっと悲しみの音楽のほうがよかったと言う。ぼくは体制への抵抗の象徴であるためには最後は悲しみではなくエネルギーの爆発で終わらないと映画の意味がないんじゃないかと議論した。これは監督のほうが譲った。次の「女衒《ぜげん》」という映画では途中の音楽のことで議論して、今度はぼくが負けて、一分半程度の音楽ですが、そこだけのためにスタジオを借りて演奏家を呼び、ぼくが音楽を書き直して録り直した。制作側は青くなりますよ。監督のわがままでお金が飛んでいくわけですから。映画のエピソードだけで一冊の本ができる。

小池　音楽は一つの作品の解釈になりますよね。

池辺　それはおっしゃるとおりです。ついに一番恐い言葉が飛んできた（笑）。作曲するということは読解力の答案用紙を提出することなんです。詩に対して曲をつけることは、私はこの詩をこう読みましたという答えですから、すごく恐いですよ。

小池　つけていいただいただけで、詩を書く者はすごく嬉しいんですけど、一つの解釈を提示することだなと思って、というのは作曲によって、映画や芝居や詩でもそうですけど、違って見えてくることがありますから。

池辺　だから責任重大です。「しがない」なんて言ってられない（笑）。

子どもの詩、無垢の今の輝き

池辺　詩を書くひとは日常生活に詩を見つけるのか、日常生活がすなわち詩なのか、詩の中で生活するのか、その三つのどれかだと思うんですけど、たとえば子どもに日記を書かせると、朝起きて歯を磨いた、そして顔を洗ったと書くじゃないですか。子どもは日常生活がすなわち詩なんですよ。生活の全てが詩になりうる。

小池　そうですね。子どもって、今、今、今なんです。この「今」の輝き度がすごいじゃないですか。私たちはこの「今」を流しちゃっているんですけど、なんとか私も書く中でつかまえたいと思いますね。

池辺　武久くんのドキュメンタリーを作った同じ松山の民放が、あるとき児童合唱曲をぼくに頼んできたんです。こういうので書いてくださいと候補を三つほど持ってきた。どれもつまらなくて、こんなのでは書きたくないと言ったら、一冊の本を見せてくれた。愛媛県の高知に近いほうにある野村町の町営の知的障害児童施設の子どもたちの詩だった。それを見てびっくりした。すごくいいんです。どうして初めから見せなかったのかと聞いたら、一つ一つの詩が短かすぎて合唱曲にならないと思ったとディレクターが言うんです。でも雲だったら雲を扱った詩ばかりをいくつか選んで一曲にすればいい、その構成はぼくがやるからと決めた。

たとえば伊予弁の詩ですが「山は愛です／鶯が恋人を捜して仲良く飛んでいくけん／愛です」、「長い木／天まで届く愛の木」、「学校とおうちと長いかくれんぼです／夏休みや春休みに見つかります」とか。先生が子どもたちに粘土板に書かせて、焼いて陶板にして取ってあるんです。「ひでみとぼくはおもいで」これはこれだけなんですが、字が書けない五つの子にも追憶があるんだということがわかる。この子どもたちの詩に対する感覚はすごいなと思った。知能指数という面を見るとこの子たちは「低い」とされるのかもしれないけれど、感覚指数はものすごく高いんだろうと思ったんです。

そのとき「善玉ダブルスタンダード」という言葉を思いついたんです。ダブルスタンダードは政治家などには悪い意味で使われることが多いですが、良いほうにもそれがあるだろうと。そのときからぼくの考え方の基本になりました。あるとき合唱団と一緒に中国へ行った。合唱団が先に行っていて僕にメッセージをくれた。ホールがひどい、ここで先生に指揮をしてもらうのは申し訳ない、と。そのときは反戦のメッセージを含んだ作品だったんですが、ぼくは返事を書きました、ぼくらが持っていくメッセージはどこでも通じるはずだ、野原で歌ってもいいんだと。もちろん音楽はいいホールでやるといいけれども、野原で歌ったらだめということもない。これが善玉ダブルスタンダードです。つねに二種類の方向で考える。いま横浜みなとみらいとか東京オペラシティとかホールの仕事をしていますが、ホールの残響はどのくらいであるべきかとかつねに考えなければいけない立場にあるんだけれど、どこか頭の中で、音楽は野原でやってもいいんだということを忘れないようにしようとしているんです。これを忘れちゃうと駄目。ぼく流のダブルスタンダードで、これは詩を書いた子どもたちに教わったんです。それから一〇年ぐらいしたらアメリカからEQ（感情知能指数）という言葉が入ってきました。

小池　いい話ですね。とくに詩とか音楽は、世の中の価値基準と違う何かを輝かせてくれる。そういう力がありませんか。ピアニストの青柳《あおやぎ》いづみこさんのエッセイですが、あ

るときドビュッシーの「雪の上の足跡」という曲をノイローゼ気味の少女が弾いて、それが忘れられないと言うんです。別のエッセイでは、知的障害を持つお兄様のことを書かれていて、これには泣きましたし心ふるえました。知能指数とは別の感覚指数がなぜないのかと。音楽と詩は、つくる側も味わう側も、それぞれの途上で、どこかで計画をはずれ、意識の外へ解放されるものです。そこへ一気に到達するための、驚くべき集中力を彼らは持っているように思います。

池辺　シュルレアリストたちが普段まったく同居しあえないものを遭遇させる、それと同じで、普通の人が思いつかない表現に到るとか、思いがけないものを結びつけるということをやっているし、それをやらなければいけないと思います。

小池　だから私も書くときに苦労しています。詩も小学校の低学年ぐらいまではすごく面白いんですよね。高学年になるともう大人っぽいかんじで整理整頓されたものを書いてしまう。

池辺　うまく書こうという意識が出てくるとつまらなくなってくる。

小池　ねえ。無意識のなにかをつかまえるって、本当に大変なことです。

（二〇一五年五月一一日、新宿にて。『洪水――詩と音楽のための』〔第一六号、二〇一五年〕に掲載）

第3章　音符と作曲家の間柄の話——合唱組曲「飯豊山」のことも

作曲をしていると、音符というのは――休符もそうですが――どういうものかということを考えさせられることがあります。そんな話を少しだけしてみましょう。

作曲家の心理、演奏家の心理

本論に入る前に一言雑談を。いま「作曲をしていると考えさせられる」と言いましたが、作曲する側の見方・感じ方と、演奏する側の見方・感じ方というのは、ちょっと違うようなんですね。たとえば、ぼくが自分で書いた曲を、自分で指揮してスタジオで録音するとしますね。そういう時、副調室にぼくの弟子がいて、音のバランスを聴いていています。テスト演奏時には、そうやって誰かに確認してもらうんです。

で、演奏して、指揮しているぼくも、なかなかいい感じだと思って終える。すると、その弟子が、「今の演奏、もうちょっと全体がまとまってた方がいいような……。なんか落ち着かない感じがするのですが」というようなことを言うわけです。

ぼくの曲を、ぼくが指揮して、ぼくが「なかなかいい感じ」だと思っているのに、ですよ（笑）。ぼくはその弟子に、「えー、今のよかったじゃない、まとまってたじゃないか。どこがまとまってないの？　ちゃんとどこが悪かったか言えよ」と。すると弟子は、「いや……、全体、何となくです」（笑）。

ぼくにしてみたら「それじゃわかんないよ、どこが悪いのか具体的に言えよ」と言いたいわけですが、これは、指揮しているぼくが、完全に演奏家の心理になっていることの表れなんですね。弟子の方は作曲家の目線というか耳で聴いて、微妙な違和感を持ったから、そのことを言っている。

つまり、こんなことからもわかるように、作曲家の観点は必ずしも実際に演奏する側の観点とは一緒ではありません。演奏する側は、演奏していると、「自分たちの演奏が正しい」という気持ちになってくるものだと思います。この演奏が、作曲者の気持ちを従えているんだという気持ちになってくるんですね。作曲する人、演奏する人、それぞれ別の人間ですから、おたがい、こういう不一致はありえると思っていた方がいいようです。

演奏の現場では、不一致を埋めるためにいろいろな努力をします。いま話した例とは別のタイプの問題ですが、たとえば、合唱を指揮している時、みなさん、一生懸命に音符の高さ、長さを勉強してこられるのですが、休符、音を出さない部分が甘くなる傾向があります。この前もそういうことがあったので、「休符はとても大事です。年金と楽譜はキュウフが大事！」（笑）と言ったら、合唱団の人たち、みんな笑った。それでそのあともう一度やったら、休符の部分がぴたり合いました。ぼく、これはジョーク、駄洒落《だじゃれ》の効能だと思っているんですけれど（笑）。

京都でやはり合唱を指揮した時、どうしてもピアニッシモができない箇所があって、「みなさん、ピアニッシモをもっと表現できないかな、あのね、パープルサンガくらい弱く歌うんです」——当時、京都パープルサンガというサッカーチームが低迷してたんですよ（笑）。今は強くなりましたけどね。それで「パープルサンガくらい弱く」って言ったら、サンガ・サポーターのバリトンの青年が、「なんてことというんですか！」と怒り出したんだけれど、「いいからやろう！」って言ったら、すごいピアニッシモができました（笑）。

生き物のような、そして水のような

さて、音符の話です。ぼくは作曲しているときに、「音の生理」みたいなものの圧力をすごく感じます。もちろん作曲をする時には、コンセプト＝何をどう表現するのかということを考えるわけですけれど、そういう抽象的な問題とは別に、具体的で、即物的な問題がある。それが音の生理です。

音というのは、物理的にいえば、何かが振動して、それが空気の振動となって伝わってくるものです。空気の振動は音波で、それが耳に入ってきたら鼓膜が振動して、私たちに音として知覚されます。

しかし、ぼくは、音楽で使う音をそういうものとはどうしても思えないんです。意志を持っているように感じる。意志というのは、あそこへ行きたい、何をしたいというような欲望といってもいい（笑）。

すると、そういう意志を持った音を使って作品をつくるには、その音とコミュニケーションをとる必要があって、実は、それが作曲するときのいわば一番の課題になるのです。音は生き物のように意志を持った存在である――これが音の生理の一つの側面です。

それから、それとは別にもう一つ、音は水に似ていると思います。見た目がじゃないですよ、音は見えませんからね。楽譜の音符は見えても、音そのものは見えません（笑）。冗談はともかく、水というのはどういうものかというと、放っておけば下に流れていくわけです。逆に、上に持ち上げるには何らかの手立てが必要です。たとえばマンションの屋上とかビルの上のほうで水が必要な時は、それをポンプか何かで持ち上げる必要がありますね。そういうことなしに、「水よ、昇れ」と言っても自然に昇ってくるわけじゃないです。ちょうどそういうふうに、音を上に引き上げるには手立てが必要だと、いつもぼくは感じています。

この二つの大原則――音は意志を持っているということ、放っておくと水のように下降していくこと――が、いつでも作曲するぼくの頭の中にあるんです。水のように落ちてくるというと、「意志を持っている」ということと矛盾するように聞こえるかもしれませんが、そうではありません。放っておけば下に流れる、でも意志を持っているからどこかに行きたいんです、音は。

ぼくの曲の中には、こういう音の性格が、タイトルにも一部、反映されている曲がありま す。日本フィルハーモニーの委嘱で書いた「タナダ」という曲。ある時、新潟県で棚田を見たんです。段階的にずーっと田んぼがあって、そこを歩いていたら、ふっとある種のインスピレーションが湧きました。音が落ちてきて、あるところで止まる、その止まり方に段階があって、音の棚田ができていくみたいなイメージでした。そのイメージで「オーケストラのための棚田I」、それから「室内楽のための棚田II」という二つの曲を書きました。その次の年くらいに大阪の「いずみシンフォニエッタ」という現代音楽がすごく上手なグループに頼まれて書いた、「降り注ぐ…」という曲もあります。文字通り、音が降り注ぐように落ちてくるイメージしか、ぼくの中に浮かばなかったんですね、その時……。

詩の意味と結びつける

音が意志を持っているというのはたとえばこういうことです。合唱曲「飯豊山《いいでさん》」（カワイ出版刊。混声、男声、女声の三種あり）の第一曲め（「大地の賦《ふ》」）は、「山の峰から／炎の翼をひろげ　翔けのぼる」という歌詞で始まります。その「やーまのー」と歌う部分は音が上がっていくんです。この場合、上がっていくのはこの歌詞だからこそであるわけですが、それもある種、音の意志のようなものだと言っていいでしょう。ここでの音は上に行きたがっているわけです。

そして、「やーまのー」と進むことによって、音に力が増してくるのです。上に行こうとすると力が必要ですからね。音程を上げていくその力を小力＝コヂカラというとすれば、小力によって上げられた音には、大きなエネルギーが蓄積されています。すると、そのエネルギーによって、次のフレーズ「みーねからー」とさらに上に飛ぶことが可能になるわ

図1
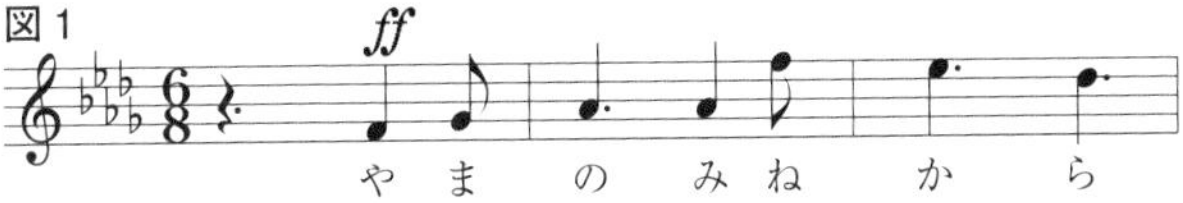

けです（図1）。

こういう部分は歌っている方も力がこもります。「山の峰から」という歌詞を歌う時に、その歌詞の通り、高いところにいるイメージを持ったり、その高い峰に行くぞという気持ちを持つ、つまり感情移入に結びつくわけですね。仮に、下降気味のメロディでこの部分を歌うと、そういう感情移入はしにくいので、歌詞のイメージから離れてしまうと思います。

言葉、詩の意味と、音は意志を持ってどこかに行こうとするという音の生理とを、こうやって結びつけていくということが、作曲するプロセスの中でとても大事になってくるわけです。これは合唱曲なので歌詞と絡めて話しましたけれども、歌詞のない曲の場合にも、込められたイメージというものがありますから、基本的に同じことがいえると思います。

音の意志について、もう少し実際的な話をしてみましょうか。さっきからぼくは放っておけば落ちるとか、上がるときは力がいるとか、そういう話をしていますけど、高いところに音が行く場合にはどうするか。幾種類かの手立てがあります。

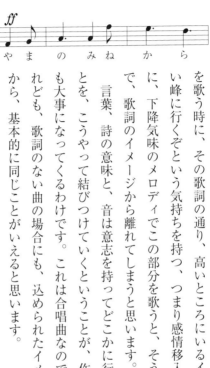

図2

図3

図4

まずひとつ目は、高いところへ行くには「身構える」という方法です。いきなりは行けません。高いところに行くには、腰を引いて、さあ今から飛び上がるぞという、身構えることが必要なのです。

たとえばモーツァルトの交響曲第三五番の「ハフナー」と呼ばれる曲、第一楽章の最初の部分はレの音を全音符の長さ伸ばしてぱっと二オクターブ上のレに飛ぶところから始まっています（図2）。これ、下のほうで「身構えている」んですよ。一匹のカエルが、腰を引いて、柳の木のいちばん下の枝をねらっている図を頭に描いてみてください。最初の音で身構える。上の音に行くところは、カエルが柳をめがけて跳び落ちたときの上がる瞬間です（笑）。ところがカエルは柳の枝に飛びつけなくて落ちる。リバウンドも、この曲の続く部分でイメージできます（笑）。身構えもなしに、いきなり二オクターブ上の四分音符に行くのは難しいと思います（笑）。これがまず一つ目の方法――「身構える」です。

二つ目は助走すること。走り幅跳びだって、走り高跳びだって、助走して飛ぶじゃないですか。助走で勢いをつけて上に行くんです。

たとえばモーツァルトの「ジュピター」（交響曲第四一番）という曲の第一楽章冒頭部分。これはド、ソラシド、ソラシドと繰り返した後に一オクターブ上のド、そこからさらにソに飛んでいます（図3）。この「ド」や「ソラシド」は明らかに助走です。短く三歩ほど助走をつけて少し高いところに飛ぶ形になっている。

あるいは、同じ場所で何回か飛び上がって勢いをつけるようなものも助走の変種といえるかもしれません。イタリアの民謡に「サンタルチア」という曲があります。この出だし、ソを四分音符と付点四分音符との二回繰り返してドの音に移るんですが、同じ地点で跳ねている（図4）。立ち幅跳びです。でも、このジャンプだけではあまりエネルギーが溜まらないので、それほど高くは飛べません。これ以上高くは無理で、音は落ちてきちゃうんです。

音は水に似ていますから、これは自然なことなんです。ところが、音は一回じゃ諦めない（笑）。上に行きたいんですね、この音は。だから、一回めでは上に行けなくても、「わかりました」と引き下がらずに、もう一回試みるんです。今度はファの四分音符と付点四分音符で二回跳ねてラに跳ぶ。でもまた落ちる。しかしだんだん慣れてきたから、助走も要らなくなってきて、三回目は助走なしでミからいきなりラに行く。これも落ちちゃうのですが。

次には、音もちょっとずるいことするんですね。「わかりましたよ、じゃ下がりゃいいんでしょ」とか言いながら、ファ、ミ、レと降りる。で、隙を見てパッとラにあがったりする（笑）。それでもやはり落ちちゃう。

こうしたことを繰り返してくると、つまり、上に上がりたいっていう意志をずっと示して、いろんな試みをして、でも結局は落ちちゃうということを重ねてきますとね、この音の中には、どういう現象が起きてくると思いますか？　つごう四回トライして、どうしても行けない。そうするとヤケクソという現象が起きるんです。人間と同じですね（笑）。ヤケクソで、「とにかく闇雲に行っちまえ！」と、天井を突き破るようにしてミーレー

図５

図６

図７

ドーシラレーとサビに行くわけです。だから気持ちがいいわけですね。歌っていると、みんなここで手が広がるんですよ（図５）。

先ほど、音の二大原則――音には意志があり、しかし放っておけば下に落ちてくる――ということを言いましたけれども、この曲にはその両者、つまり音の生理がはっきり現れているわけです。ところが、中にはこれをひっくりかえすような曲も、あることはあるんです。同じくイタリア民謡の「オー・ソレ・ミオ」、この歌い出し部分は、ほとんど全部、落ちてくるんです（図６）。ちょっと上がるけど、結局下がる。いつも最後は下向きなんです。それなのにこの歌は、とても明るくて、しかも勢いがある。

これは今まで言ってきたこととは逆ですね。音は上に行く時に力が必要で、降りるときは放っといても降りる、力が要らないと言いましたけれども、この下降メロディばかりの歌は、なぜか勢いがある。

これはどういうことかというと、水は確かに放っておけば落ちるけれど、滝というものを考えればわかるように、落ちてくる時に勢いが生まれる場合もあると考えることができるんじゃないでしょうか。ふんだんに水を落とす。音をどんどん下降させる。すると逆に、あるエネルギーが生まれるわけです。「オー・ソレ・ミオ」はそういう例だと思います。ただ、これはめったにないですよ。たいていは上に上がる時に力が入って勢いがつくものです。

音が上に行くための手だての話に戻すと、「身構える」「助走する」に続いて、「エネルギーを蓄積する」という手だてがあると思います。エネルギーを蓄積するというのは、さっきのヤケクソもその一種ですが、もう一例を挙げるとモーツァルトの交響曲第四〇番の冒頭部分がそうだと思います（図7）。「ミ♭レレ、ミ♭レレ、ミ♭レレ」と同じ音型が三回繰り返されますが、三度目のあと、いきなり上のシ♭の音に飛びますね。一音めがミ♭で、二音めはレに下がっているわけですから、音としてはそのまま下に落ちて行きかねないわけですけれども、作曲者はそうはさせじと、三音めを同じレにとどめさせたわけです。それを三回繰り返した。すると三回も落ちるのを止められているうちに、音にはエネルギーが蓄積されてくるんですね。そのエネルギーによって、音は高いシ♭に跳ぶことができた。この時点ではこれが精一杯で、それ以上、上に行くことはできませんから、続く音列はシ♭ラソ、ソファミ♭、ミ♭レドドと落ちてくる。そのあとは、また初めのように、今度は「レドド、レドド、レドド」と来てそのあと、上のラに跳ぶという同じ形が置かれています。

このように、音が上がる時には何らかの方法が必要で、そこに作曲者が考えたり、音と「相談」したりすることで生まれるアイディアがあるし、それが音楽の面白さにもなってきます。音の持っている生理とぼくは呼んでいますけれども、性格、性質と向き合うことが作曲においては重要です。

ですから、作曲家が勝手に音を操っているわけではまったくなくて、作曲は常にある種のしがらみの中にあるわけです。その中でどういうふうに、最大の表現をするかを追求するからこそ面白いのだと、ぼくは思っています。

図8

和音にない音を使い美しいメロディに

音の生理という話をしてきましたけれど、それの応用的なことで、メロディを美しくする「飾りの音」の話もしましょうか。そう難しい話じゃないです。たとえば、ピアノで「ファー、ラド♯ミレー」と鍵盤を鳴らしてみてください。続いて「レドシ♭ソラーソ」。図8みたいに弾いたら、どこかで聞いたことのある曲かもって思いませんか？

知ってるけどちょっと違うでしょう？　これは「昨日」っていう曲(笑)。ビートルズの「イエスタディ」に似てるって？　そうともいえますね――真に受けないでね(笑)。

この旋律は、つまり「イエスタディ」冒頭メロディの「骨組み」のようなものなんです。少し理屈っぽく言うと、このメロディに設定されている和音に含まれていない音を省いたらこうなるということなんです。「イエスタディ」のメロディにはこれに飾りの音が加えられているんです。この飾りの音が実は大切で、それを取っちゃうと、かくも無残になってしまう。このメロディだったら、いくらビートルズでもヒットさせられなかったでしょうね（笑）。

今話した飾りの音は、和音にない音ですから「非和声音」といわれるものの一種なんですが、それをうまく置いてやるとメロディが格段にきれいになります。「イエスタディ」でいえば、歌い出し――歌詞で言うと、歌い出しの「イェスタデー」の「イ」の音、これがまさにそれで、ここにこの音――この場合は和音がファラドという和音ですがメロディはソの音なんです――を使うことで、ちょっと重しがかかるような緊張感でメロディが流れて、「ああ、いいな」とみんな思うんです。だからみんな、ここを歌う人は、「イ――ここに思いを込めて――ェスタディー」って歌うんです、マイクを持つ親指に思わず力を入れたりしながら（笑）。

これはもとをただせば非常に古典的な方法で、たとえばバロックの音楽で、最後に曲が終わるとき、ハ長調ならドミソの和音を鳴らして終わるんじゃなく、まずドファソという和音を鳴らして、そのあとゆっくりドミソを鳴らすというようなのがあるじゃないですか

図 9

図 10

図 11

（図９）。終わる前に最後の和音に少し似た和音でワンクッションが入って、そして最後の和音にいくというもの。このワンクッションが、いかにも最後の和音に寄りかかっているような感じに聞こえるので、寄りかかる音という意味で、倚音《いおん》というんです。この倚音を使うとすごくメロディが豊かになります——やりすぎると安っぽくなるんですが。たとえば、くだらないメロドラマか何かのくだらないシーンに音楽をつけるときなんかは、倚音をやたら使うと、「そういう感じ」が出ます（笑）。

でも、うまく使うと例えばこんなことができます。「ラ、ド、ド、ミ、ミ、ラ、ラ」とピアノで鳴らしてみましょう（図10）。これじゃ面白くもなんともないメロディです。でも、最初のラの音に寄りかかるように一つ隣のシを付け足してやって、しかも続くラをち

図12

図13

ょっと揺らしてやる。「揺らす」というのは半音ですばやく「ラソ♯ラ」と動かすんです。そして二番めのドの音も同様に、レで寄りかかって、同じように「ドシド」と揺らす。三番目のミも同様に……とやっていくと、図11のようなメロディが出来上がります。これ、モーツァルトの「トルコ行進曲」の最初の部分ですね。これ全部寄りかかって揺れる、寄りかかって揺れる、の積み重ねでできているんです。

上から下へ「ソミ♭ド、ドラ♭ファ、ファレシ♭、シ♭ソミ♭」というのを鳴らしてみてください（図12）。これはいくつかの和音の構成音です。ポピュラーソングに親しんでおられる方にはCm、Fm、B♭、E♭のコードといえばいいかな。これらの和音をつくっている音をバラバラにしただけで、これがいわば骨組みです。この骨のメロディも面白くもなんともないですね。これに一つずつ、引っかかる音をくっつけてみるんです。さっきのトルコ行進曲は、上から寄りかかったけど、上からばかりとは限りません。下から引っ掛けることもあるわけで、その両方を使ってみます。

初めのソの音は下から引っ掛けます。下から引っ掛けるときは、なるべく骨組みとの幅を狭めたほうがいいのです。ですから半音下から引っ掛けます。

その次はミ♭の音を上から寄りかからせます。その次のドの音も上から。次の高いドの音は下から引っ掛ける……。こうやっていくとどうなるかというと、このメロディ（図13）、ミシェル・ルグランが生み出した名旋律ですね、「シェルブールの雨傘」です。

すばらしいメロディですが、実はただ寄りかかったり引っ掛けたりしただけなんですね（笑）。それでこういう美しいメロディができる。このようにちょっとしたことなのですが、骨組みに何かくっつけるとメロディがすごくきれいになりますね。

この倚音、寄りかかったり下から引っ掛けたりする音は、先ほど話した音の生理という問題とあわせて考える必要があります。音は放っておくと低い方に落ちていくと言いましたが、そのことを頭に置きながら、音が揺れるところを想像してみてください。たとえばソの音が低い方に「ソファ」と音が揺れかかる（図14）。こういうふうに動くと、この音は、もう下に降りたくなっちゃうんです。それが音の生理あるいは意志というものです。音楽をつくっている人間は、揺らそうと思っているんだけれども、揺らされた音のほうは落ちたくなる。そうじゃなく、音に「揺れたんだな」「あ、いまぼくを揺らしてくれたんだな」と感じさせるにはどうしたらいいかというと、揺れをちょっとだけにするんです。たとえば半音くらいにする。それぐらいだったら、音も戻りたくなるんです。「ソファ♯ソ」と戻ってくる（図15）。この戻りたくなるブーメラン感覚が大事です。

図 14

図 15

　また下から引っ掛ける倚音の場合、上に行くわけですから、これは簡単じゃありません。上に行くには、先ほど言ったようにいろんな手だてが必要ですからね。しかしここは、大きなインターバルで上にいくのではなく、骨組みとなる音に引っ掛けるような、つまり小さなインターバルでメロディをつくるわけですから、やはり半音で引っ掛けるのがスムーズなんです。

音階の背景にも音の生理

音の生理というとらえ方を土台にして、音が寄りかかるとか引っ掛かるというような話をしてきましたが、これをさらに応用して、音階の話も少ししておきましょう。たとえばだれかに、「音階歌って」と言うと、その人はたいてい「ドレミファソラシド」って歌いますよね。でも、音階歌ってといわれたら、ぼくは「ドシラソファミレド」って歌うかもしれない。そうしたらみんな笑うと思いますが、でも、本当はそっちのほうが自然です。だって、繰り返しになりますが、音は高い方から低い方に落ちるほうが自然なんですよ。実は、人間が初めて音階みたいなものを考えた頃は、下がる形をしていたのです。なぜそれが「上がる」ものになっちゃったんでしょう。

「音階みたいなもの」は、洋の東西でほとんど同時期に生まれています。古代ギリシャと古代中国です。それは、倍音（基音に対して整数倍の周波数を持つ音）というものを見つけてつくられたわけですが――そのあたりの話はマニアックになるので略します――その倍音を、古代ギリシャでは弦で、古代中国では管に水を入れて測ったようです。つまり、ヨーロッパでは弦楽器が源泉で、中国では管楽器が源泉、といってもいいかもしれません。

そういうふうにして倍音を見つけていって音階というものを考えた時、初めは四音くらいで下がる形だった。それがだんだん上がる形に変わっていくわけですね。これはぼくの勝手な推論ですが、音と人間が、いろいろと葛藤《かっとう》を繰り返してきた結果なんじゃないかと思うんです。つまり、いうことを聞かない音を、「自分の意志で」上に上げてやろうとか動かしてやろうとする人間と、「そうはさせじ」と思う音との葛藤があったとしか、ぼくには思えないんですね。

そんな過程を経て、だんだん、人間がいろいろ「理論武装」し、音を自在に扱えるようになってくる。そうすると、それにともなって音階も、今の「上がっていく形」を獲得したんじゃないのかな。ぼくには、そう思えるんです。繰り返しますが、これは私見です。

でもとにかく、ある時期以降、音階は上に上がる形になりました。ある程度、音楽に親しんでおられる方はご存じかもしれませんが、この世にある音階は長調と短調の音階だけじゃありません。長調や短調は音が七音ですが、そうじゃなくて五音のものなど、いろい

図16

図17

ろあるわけですけれど、七音の音階に限っても、たとえば、これは何の曲でもないものをデタラメに弾くだけですが……（ピアノを弾く。図16）。これは長調でも短調でもないわけですね。もう一つ、今度はこちら（また弾く。図17）。これも長調でも短調でもないように感じられるでしょう。楽譜16はドリアンという旋法《せんぽう》、楽譜17はリディアンという旋法を使っています。旋法というのは音階と同じものと考えていただいていいです。

そういうふうにいろんな音階があったんです。歴史的にいえば、古代ギリシャにあった音階が、中世に「教会旋法」として復活し、何種類も使われるようになったのですが、やがてその多くが使われなくなっていき、二つが生き残りました。生き残った旋法はイオニアとエオリアという名でしたが、それが今の長調と短調なんです（図18。下に書いてあるのはとなり合う二つの音の音程差で「全」は全音、「半」は半音です）。ほかのはだんだんすたれていったけれど、この二つは残りました。なぜ残ったかというと、イオニアつまり長調は、音が上に上

図 18

がりやすくできているんです。

たとえば、音階の最後はシでそのあと上のドに行きますが、この部分は半音ですから狭い。つまり次のドに上がりやすいんです。それから真ん中あたりにも、ミからファに上がるところは半音で、ちょうど階段に踊り場があるように、ここも上に行きやすくなっています。親切にできている階段ですね(笑)。音と音の間のインターバルを見ると、前半はドとレの間が全音、レとミの間も全音、ミとファの間が半音です。そして後半はソとラの間が全音、ラとシの間が全音、シとドの間が半音。つまり構造が同じ階段が二つくっついているような、シンプルでわかりやすい音階でもあります。

あと、音階の中の三つの主要な地点――前半の開始の音であり、しかも後半の終わりの音であるド、前半の終わりの音のファ、後半の開始の音のソが重要な地点であるといえますが――に、この音階の中にある音を三度の音程で重ねて和音を作ってみると、ドミソ、ファラド、ソシレとなります。不思議なことに、これが全部、自然和音なんです。自然和音というのは自然倍音でできている和音です。たとえば風が強く吹いたりすると、これができるわけです。風は、ヒューと吹いたときにたとえばドの音が出るとして、強くなったら今度はレの音がヒューって吹くわけではないんです。風が強くなったら「ド、ミ、ソ、ド、ソ」という音が検出されてくる。これを重ねれば和音になる。これを自然和音と呼びます。この自然和音が主要地点につくられる音階ですから、人間にとってわかりやすく、使いやすいという面があったと思います。

イオニア旋法が残ったのは、このように非常に扱いやすい音階だったからといっていいと思います。意志を持っている、自分の意見を持っている音を、人間が操ろうとするとき、わりと従順に従ってくれる音階だったんですね（笑）。

ところが不思議なことに、もう一つ残ったわけですよ。エオリア旋法が。で、こういってては気の毒だけれど、イオニアは人間にとってすごくすぐれていたのに、こっちは全然すぐれていないんです（笑）。もしかしたら、たくさんあった教会旋法の中で、いちばんすぐれてないものかもしれない。

余計なことですけれど、東洋であれば、いくつかの中から二つ残す時、一番すぐれたものと二番目にすぐれたものが残ったかもしれません。でもヨーロッパ的な考え方というのは——これも私見ですが——どうも対極を求める気がします。非常にすぐれたものが残っ

図19

図20

図21

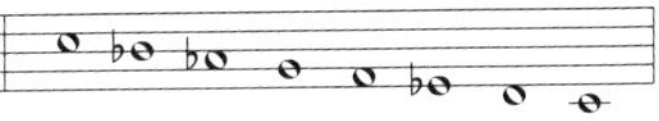

た時、それと一緒に残ったのは、一番すぐれていないものだったという、この音階の件もそんな一例に見えます。

エオリア旋法は現在の短調の音階（自然短音階）と同じです。図18の短音階の方を見たらわかりますが、これは、最後の音から次のドに行くには全音の幅があって「親切な階段」じゃないし、隣り合う音同士の差は前半が「全・半・全」、後半が「半・全・全」と複雑です。先ほどの三つの地点に和音をつくると、すべて自然和音じゃありません。自然界にはない音の組み合わせなんです。イオニアとは、ことごとく正反対。それが残りました。

扱いにくい音階だから、人間は強引にこの最後の音と最初の音の差を半音にして、使いやすいようにします（図19）。和声的短音階といったりするんですが、最後の階段を狭くして昇りやすくして使うようにしたんです。ぼくにはこれは人間の傲慢《ごうまん》に見えます（笑）。でも最後の階段を高くしたということは、その前の階段が全音＋半音のインターバルでやけに広くなっちゃう。はなはだしくデコボコな階段になっちゃった。そうすると次に人間は、一つ手前の階段もちょっと高くして、デコボコを均《なら》しました（図20）。旋律的短音階というものです。

人間って本当に傲慢ですね（笑）。だけど多少は反省もしました。都合よく、人間が音を御しやすいように変えちゃった。申し訳ないな、と（笑）。じゃあせめて降りる時は、放っておけば落ちていくんだから、もともとのエオリア旋法で降りたらいいや、と（図21）。

このように、われわれが今、普通に使っている長調と短調の音階というものも、どこかに初めからあったわけではありませんし、ぼくに言わせれば、人間と「音の生理」との葛藤の中で生まれてきたように思えるのです。音楽の基礎となる音階でさえそうなのですから、いわんや、みなさんが歌ったり演奏したりする楽曲においてをや、というわけです。曲は、作曲家が勝手に作っているものではありません（笑）。音階や調性というものから解き放たれているように聞こえる現代音楽だって、音の生理というものに支配されているとぼくは思います。ぼくたちの感性がそれに馴《な》らされているからなのですが、それは結局、音というものがそれだけ、ものを言う存在だということです。

こういう話をする作曲家はあまりいないようですが、たぶん、どんな人でも作曲する人間は、結局同じことを感じているんじゃないかなとぼくは推察しています。そのくらい、音の持っている性質というのは強くて、それを人間が、小賢しくいじる、改変するというようなことはできないと思います。それは音というものが持つ自然の摂理であり、それを受け入れて、自然に扱うことが大事なのだと思います。

モーツァルトやショパンら「天才」といわれる作曲家たちは、それをわかっていたと思います。彼らの曲を思い浮かべると、それぞれタイプは違うものの、みんなそういう自然な扱い方になっていますから。たとえばモーツァルトは、「音との会話」をいつでも自然に、無意識のうちにできていた人だと思うし、ショパンは、音がどういう飾りをほしがっているのかを本能的に察知できる人だったと感じます。シューベルトは、美しい旋律の断片が空中を飛んでいるのを感じとることができた人で、スプーンか何かでそれをふっとすくい取ってくるようにして曲を書いていたような感じがしますね。

そういうふうにそれぞれ、タイプは違うけれども、しかし結局、音と向き合って、音と人間との間に距離を感じ、あるいはその距離を狭めようとして音と対話するという点では共通していた。どんな作曲家もそうだったんじゃないかなというふうに思います。そういう目で音楽や楽曲をとらえていただけると、聴く場合にも、歌ったり演奏したりする場合にも、面白さがさらに広がったり、いろんな興味が湧いてくるんじゃないかなと思います。

合唱組曲「飯豊山」のこと

ここまで一般論として音符の話をしてきました。でも、音楽理論のレクチャーをしたくて話してきたわけではないんです。要するに、先ほどもいいましたが、音楽というものは作曲家が勝手につくれるものではないということを知ってほしいんです。そして、そういう葛藤を含みながら、その上でいかに表現するのかということが、とても面白くもあるし、作曲家としてのコンセプトとかアイデアが問われる部分でもあるんです。とくに歌詞がある曲の場合は、言葉を音楽にどう乗せるかということも、その重要な要素の一つになってきます。そのいくつかの具体例を次にお話ししましょう。

山形県飯豊町からのご依頼を受けて合唱組曲「飯豊山」という混声合唱組曲を書きました。詩人・村田さち子さんの五篇からなる詩「飯豊山」をいただいて、それを読み、曲を書いたわけです。ぼくがこの曲をつくる上で考えたことをいくつかご紹介してみます。あ、その前に、この曲についての知られざるエピソードを。気楽な話です。

ぼくの師匠は三善晃さんですが、学生時代、三善さんには「いつでも二つ以上、並行して書けよ」と言われていました。でも当時から僕は、いつも二つくらいは同時並行で書いていたので、「まあ、そういうものだよなぁ」と思いましたし、その後、この何十年かくらい、いつもそうです。そうしようと思ってしているというより、オーケストラやオペラのための作曲、あるいは舞台や映画やテレビの仕事、あるいは校歌とか自治体の歌などと、たくさんの依頼をいただき、気づいたらそうなっていたというようなことなんですが。

並行してつくっていても、それぞれまったく違う仕事ですから、頭の中では無意識に切り替わっていて、大河ドラマのどこかのシーンに、並行して書いている合唱曲のメロディが入ってきちゃうということはない。ただ、この「飯豊山」はちょっと事情が違っていて大変でした。

実は、山梨県北杜市《ほくと》というところからも依頼を受け、「飯豊山」とほぼ並行して作曲をしていました。北杜市というのは八ヶ岳の麓にある市で、詩のタイトルは「YATSUGATAKE」。詩を書いたのは村田さち子さんという方です（笑）。つまり、同じ時期に、同じ詩人の、しかもいずれも山をテーマにした詩に、ともに混声合唱組曲を書く。これは初めての体験でした。並行させるのは、なかなか切り替えがむずかしくてヘイコウしました（笑）。

いや、もちろん作曲そのものは楽しかったですよ。ぼくは八ヶ岳も飯豊山も好きですし、とくにこちらの「飯豊山」には混声と女声とを同時に書くという体験もできて、あまりないことなので、とても面白かったです。

さて、その「飯豊山」という曲についてです。先ほど言ったように五篇の詩からなっています。「大地の賦」「とーびんと」「湖《うみ》に捧げるレクイエム」「わが心のアルカディア」「飯豊山」の五篇です（一二五ページ参照）。

詩をもらってから仕事を始めるシガナイ作曲家は（笑）、詩をもらったらどうするか。ぼくの場合は、まず全体の調性をどうするか考えます。どんな場合でも、メロディラインとかテンポとかではなく何調で書くかを決める。ハ長調とかニ短調など、いわゆるキーのことですね。調というものにはその調固有の響きというものがありますから、それをまずイメージしながら考え始めるんです。

便宜上、いきなり最終曲の話をしてしまいますが、この第五曲は、「かがやかに」という言葉で始まります。すると、当然ながら輝かしい響きの調を設定したらいいと思うわけです。で、一番輝かしい響きの調はホ長調なので、ホ長調で書くということも考えられたわけですが、実際には、この曲は変ニ長調で書きました。それは一曲目「大地の賦」と同じ調に最終曲も戻ってくるようにするためです。最初と最後を同じ調性にすることで、全体を通してのまとまりをつけようと思ったのです。

その一曲めは、夜が明けるときの情景を歌っています。ここにある輝きは、キラキラしたネオンサインみたいな光ではなくて、もうちょっとおごそかな光だと、ぼくは読みました。それで一曲めは変ニ長調がいいと思ったんです。

変ニ長調というのは、非常に幅のある、豊かな響きを持つ調です。なおかつ、ある種の温かみと柔らかさを含んで、しかも輝きも持っている調なんです。ヴェルディが「ラ・トラヴィアータ」（邦題「椿姫」）というオペラの中に書いたアリアで、ジェルモンという父親がパリで放蕩三昧にふけっている息子アルフレードに、美しい故郷プロヴァンスに帰って来いと説得する歌があって、父親の慈愛と柔らかさ、やさしさに満ちた曲なんですが、それをヴェルディは変ニ長調で書いています。これを別な調で鳴らしてみると、やさしさが弱まったり、柔らかさがなくなっちゃったり、ちょっと怖い感じになったり、ということが起こります。

そういうふうに、調によって表現というものは変わってくるのです。村田先生から詩をいただいて、五篇の詩を見て、全体の構成をどうするかを考えたとき、一曲めの「大地の賦」は変ニ長調——ということは、第五曲も変ニ長調になることが決まりました。それによって、さっきの「かがやかに」——第五曲の最初の言葉については、いきなり輝かせるのではなくて、あとで輝くぞ、輝きに向かっていくぞという、何かを期待させるような、そんな感じで曲をつけようという方針も決めました。

さて、組曲の最初と最後の調が決まりましたので、今度は、その間の曲を、調性においてはどういう経路でたどるかという問題に進むわけです。それは、詩の内容もふまえながら、二曲めの「とーびんと」はヘ長調、三曲めの「湖に捧げるレクイエム」はイ短調、イザベラ・バードが出てくる「我が心のアルカディア」はまたヘ長調となって、最後の曲で変ニ長調に戻ることにしました。各調の主音だけ取り出すとレ♭→ファ→ラ→ファ→レ♭と変わっていくわけです、つまり長三度ずつ上がっていき、また長三度ずつ降りてくる構成なんです。

この三度による構成が好きな作曲家はいっぱいいて、ベートーヴェンは三度の転調がとても好きでした。「第九」とか「ピアノ協奏曲第四番」とか、すごく三度転調が多いです。ショパンが好きだったのはジョルジュ・サンド。あ、それは別のサンドか……（笑）。

音楽と芝居の共通点

詩と曲の関係について、この曲に関してふれたいことはいくつもあるのですが、キリがないので、いくつかの点を例としてふれておきますね。

一曲めに「大地に光を返し」という歌詞があります。そこはその前後に比べて少し静かに演奏するようにしています。さっき、ここにある光は、おごそかな光だといいました。おごそかですから、少し丁寧に歌いたい。光とか輝きという言葉には、明るい調とか強い響きとか、キラキラ光るような伴奏がつくとか、そういうことが一般的なんですけれど、世の中って何でも、表があれば裏もあるんです（笑）。

だからそこは、わざと逆を使うというか、この部分は光とか輝きを表わす言葉に逆に弱い音を当てたり、高い音じゃなくて低い音を当てたりする。堅くなく柔らかくしたりする。そっちの方が、むしろはっとするということもあるわけです。

詩の内容的にテンションが強い箇所を、フォルテで歌うとは限らないんです。ピアニッシモのテンションというのもあるわけです。よくぼくは話すんですが、子どもを叱るのに、大声で「こらーっ！」って怒鳴ればいいとは限りません。それよりも、お母さんが「(小声で) あんたって、なんて子だろうね……、本当に……」なんて言うと、子どもがぞーっとしたりして、その方が効果がある、テンションが高まるっていうこともあるわけです(笑)。ここはいわば、それに似た効果をねらっています。

それからその少しあと、「キリリキリリと」大地が朝焼けに染まっていくと歌う部分、ここの「キ」の部分の音符は付点四分音符になっているんですが、それを「キーリリ」じゃなくて、「キッリリ」と歌ってもらっています。これは合唱指導者の栗山文昭さんが示してくださったことですが、詩の言葉に準じた解釈をしているわけで、その方が詩の言葉が生きてきます。促音、ちいさい「っ」はよく、作曲者が音符を当てているけれど実際上は休符になるというところがあったりします。そういうふうに、少し言葉に合わせて楽譜を読み込む。「何しろ付点があるから伸ばさなきゃいけない」というわけじゃないんです。

そういう単純な読み方は逆によくなくて、言葉に合わせるということも大事だと思うんです。

それから、「今、胸の深みで　鳴り出した／祈りの歌」。ここは、弱く歌うフレーズですが、「今、胸の深みで　鳴り出した」はインテンポなんです。で、鳴り出したのが何かってところで、初めてテンポが遅くなる。「祈りの歌」という言葉を聞かせるために、そこでテンポがふっと遅くなって、「祈り」という言葉に思いを全部託すように歌うことが大事なんですね。

これも普遍性のあることです。歌い方は静かなんだけれど、この「祈り」という言葉が、一曲めの詩の中でとても大事な言葉であることは、詩を読めばわかるでしょう。「祈り」という言葉を、読む人も聞く人も非常に印象的に受け取るはずです。合唱の中でそこを浮き立たせるためには、歌う人は、その時初めて「祈り」という言葉に気づいたように歌う必要がある。先ほど言ったようなこの部分のつくりはそれを意識しているわけです。

だからここは、「今、胸の深みで　鳴り出した」のは何なのか知ってるよ、祈りなんだよ、という、思考が透けて見えるように歌ってはだめなんですよ（笑）。初めからわかってて、言いたくてたまらないみたいに歌ってしまうと逆に効果が上がらないんですね。歌っている人が、そこで初めてはっとして、ああ、胸の深みで鳴り出したのは「祈りなんだ」と気づくように歌う。「祈り」という言葉を言う瞬間に、初めて「祈り」を知るように歌う。すると聞く人にも大変印象深く受け止められるということなんです。

これは芝居と共通するものがあると思います。「合唱は演劇に似ている」と思うこと、よくあるんです。たとえば演劇で、親の形見の万年筆を探しているシーンがあったとします。俳優は演じている時、どこに万年筆があるかは初めから知っているわけですよね。何度も何度も稽古していますから。だけど、そういう意識で演じていたら、いい演技にはなりません。失ってしまった親の形見を必死で探す人のメンタリティになりきって探しまわってこそ、発見したときに、「あ、ここにあった！　ああよかった。どうしようかと思ったよ！」という台詞が絶妙の間合い、呼吸で出てくるはずです。そうじゃないと見ている人に違和感を与える。お客さんに、「そりゃ初めからそこにあるって知ってたんだもんね」って思わせてしまうような演技をしていたんじゃ芝居にならないです（笑）。

それと同じで、やっぱり、何回も何回も練習して歌っているけれども、そこで初めてその言葉を発見する。ピアノが黒鍵を弾いていてもハッケンする（笑）。そういう意識が大事なのです。合唱を含めて、歌うという表現は、ある意味で演劇――歌による演技だとぼくは思います。ここでいえば、「祈り」という言葉を初めて見つけたような、心の中で何かキラッと光るような。あるいは「祈り」という言葉を聞いてハッとするような、そういう心境。それを、練習の中でも繰り返していく必要があると思います。

言葉が持つリズム

二曲めのことに少しふれますね。かつて豊かだったブナ林が次第に切り倒されていったという、ちょっとさびしい話を、最後に稲穂の花が咲いたという流れも含め、ちょっと昔話ふうに描いている詩です。「昔　昔　あったけど」で始まり、「とーびんと」で終わるのが昔話のスタイルなんですね。「とーびんと」は飯豊の方言で、昔話の終わりに必ず使われる言葉です。「お話おしまい」という意味。

詩の中に「はっ、なじょした?」という言葉が繰り返して出てきます。「はっ」には意味があるわけじゃないのだけど、要するにこの言葉は何かに対するリアクションで、「どうしたの？」といったような意味合いを持っているんですね。そして、この言葉が繰り返されることで、詩にすでにリズムが、拍節感が含まれています。このリズムは四拍子で進むリズムだな、と読んだときに思いました。二曲目はこのように、詩によって四拍子に決まりますから、先ほどの一曲めも四拍子にしてしまうと同じ拍子が続くことになります。ですから一曲めは八分の六拍子で書きました。

ヒョウシというと本でも最初にあるものですし、一曲めのヒョウシを最初に決めたんだろうと思われた方が多いんです（笑）。でもそうじゃないんですね。ちょっとヒョウシ抜けしましたか（笑）。

で、この「はっ」っていう繰り返されるリズミカルな言葉が、作曲する時の最初のひっかかりになるわけです。この「はっ」をどういうふうに入れていこうかということで、前後が決まる。そうするとそこで、あとからメロディが紡ぎ出されるんですね。その意味では、詩からリズムもメロディも紡ぎ出されてくる。ただその場合、この「はっ」のタイミングをどうとるかが大事です。ヘタに作曲すると、「はっ」もそのあとも非常に歌いにくくなってしまいますから。

先ほどもいったように、これは何かがあったことへのリアクション、受けの言葉ですか

郵便はがき

料金受取人払郵便

代々木局承認

7777

差出有効期間
2019年12月25日まで

（切手はいりません）

151-8790

243

（受取人）
東京都渋谷区
千駄ヶ谷4—25—6

新日本出版社
編集部行

この本をなにでお知りになりましたか。○印をつけて下さい。

1．人にすすめられて（友人・知人・先生・親・その他）

2．書店の店頭でみて

3．広告をみて（新聞・雑誌・ちらし）

お買いになった書店名

書名（　　　　　　　　　　　　）　愛読者カード

▫本書を読んでのご感想・ご質問・ご意見をおきかせください。

▫あなたは、これから、どういう本を読みたいと思いますか？

▫最近読まれた本を教えてください。

ありがとうございました。

おなまえ	男・女
おところ	
年齢　　歳	

ら、曲の中でもそういう前後関係が大事です。

この詩の中には、ブナの木が切り倒されることへの感傷が含まれていますね。ブナという言葉それ自体がこの二曲目の詩のポイントでもあると思います。ご存じのようにブナは照葉樹でとても大切な木なのですが、それが人によって「どんどん　倒されて」いったという経緯があります。この詩を読んで、そこに感傷的な思いをぼくも抱きましたし、だから曲も少しセンチメンタルな印象になっている部分があります。この詩では、ブナ林がなくなったあと、そこに稲穂の花が咲いたということになって、ある種の救いがもたらされていますから、そこは盛り上げるようにしました。

最後の「飯豊山の　はなしとーびんと　とーびんと！」は、落ち着いて静かに歌います。だいたい昔話というのは、大声でにぎやかにしゃべるものじゃないんですよね。囲炉裏端とか茶の間で、おじいちゃんやおばあちゃんがお話ししているようなイメージを思い描いて書きました。

それから、合唱曲を書くときに気をつけるのは、団内の各パートにヒエラルキーが生じないようにすることです。あえて変な言い方をしましたが（笑）、要はソプラノ、アルト、テノール、バスの各パートが平等に歌うということです。

たとえば初め、「ブナの木　一本　倒されて」は女声が歌います。そのあとの「なじょした?」を男声が歌う。その次、今度は「ブナの木　またまた　倒されて」は男声が歌って「なじょした?」を女声が歌う。これでまず、最初の平等がはかられるわけです（笑）。次に「ブナの木　つぎつぎ　倒されて」はアルトとテノールが歌う。そうすると「なじょした?」をソプラノとバスが歌うわけです。で、次に「ブナの木　どんどん　倒されて」はソプラノとバスが歌う。これで満遍《まんべん》なく平等がはかられます（笑）。

「あっち側、あのパートが一回多いじゃないか」とか、「向こうの方がおいしいところを歌ってるよ」とかいう声が合唱団の中から上がらないように考えるんですよ（笑）、この曲に限らず。まあ、そういうクレームをもらったことはこれまでありません。でも、どこかにそういうことを一生懸命チェックする人もいるかもしれない。「あんたの曲はいつでも女声の方がいいようにできてるよ」なんてね（笑）。ですから、各パートの平等ということは、いつも意識しています。

言葉の表現とは違う部分

もう一つだけ。三曲めは「湖に捧げるレクイエム」ですが、これは飯豊山周辺で大雨による水害があったことから一九八〇年に造られた、治水のための白川ダムをめぐるできごとを歌ったものです。作詞者の村田さち子さんは、白川ダム建設のいきさつに関する段ボールいっぱいの資料を読んで、この詩を書かれたそうです。ダムが建設されると、その湖底に沈んでしまう集落もありました。その時の村の人々の悲しみ、一方で村を救うためにもこの集落を諦めるという気持ち……。ダム建設後には洪水の被害はなくなりました。とてもきれいな湖です、詩にもあるように、あちこちで木が水面に顔を出していて。いろんな物語がそこに生まれます。

ぼくは八〇年代に七年間くらい継続してエジプトの仕事をしていたんですが、ナイル川にアスワンハイダムという、大きなダム湖が一九七〇年に造られて、その後、それまでほとんど雨の降らなかったエジプトに時々雨が降るようになったり、あるいは紀元前に造られたアブ・シンベルという神殿が移築されたりとか、いろんなできごとがあって、それぞれに物語があったと聞きました。だから村田さんからこの詩をいただいた時にも、詩の背後にある様々な物語をあれこれ想像しました。

　この曲は、二度繰り返されている「しんしんと」という言葉が、どうしても作曲に作用すると思います。誰が作曲しても、ここに高低の激しいメロディはつかないでしょう。でもずっと平らなメロディラインだとつまらないですよね。アントニオ・カルロス・ジョビンが書いた「ワン・ノート・サンバ」というラテン音楽の名品があって、「一つの音のサンバ」というタイトルの通り、前半は一音だけでできているんですが、それだって後半はやはり動くんですよ。それがすごく気持ちいいからこの曲は有名なんですけれども、つまり、そういう「静と動」的なコントラストが大事なんです。どこかで動かなきゃならない。すると、動き出す時にそこにどんなチャームポイントを置くかということを考えるわけですね。この部分の場合は「しんしんと」に続く「張り詰めた　水鏡」で動き出し、徐々にクレシェンドしながら、次の「（沈んだ）村の　声がする」で二小節だけイ短調にない音を使って緊張感が高まるようになっています。

続く「嘆く声　怒る声　祈る声」という部分は、感情が歌われているので、演奏者が感情移入できたほうがいい。そこは各パートが重なり合うように歌っていく形にしています。自分が歌う、誰かが追いかけてくるように歌う、そうすると、そこに感情が動くという、そういう効果を考えながら書きました。

それから、「この静けさを　水底に　伝えるために」っていう部分は、その前に「しんしんと」と歌ってきたものを、もう一回、「静けさ」と歌うわけです。言葉の意味としては、「しんしんと　張りつめた」っていうところを、「この静けさを」で説明しているわけですが、しかし音楽にした場合には、「しんしんと」と同じ感じでここを歌うと、やや飽きるんですよね。

だから、「この静けさ」っていうところは、ちょっとムードが変わることで新鮮な印象を与えたい。そのためにそこは部分的に調を変えています。聴いていただければわかりますが、静けさというものを、もう一回確認できるような感じでつくっているのです。

*

とまあ、こんなことを話していると、いくら時間があっても足りないですね。四、五曲めについては、今回は省略しましたが、言葉を曲に乗せるということについて、「飯豊山」を題材に、いくつか具体例をお話ししてきました。要するにこれは、詩の意味をよく読みとりながら、個々の言葉の意味やリズム、前後関係といったものを考えて、それをいかに音楽固有の表現で伝えるかという問題になってくるわけですね。

そのやり方は、曲によって、詩によって、多種多様にあるといえるでしょう。ただ、いずれにしても、前半でお話ししたような「音の生理」をわきまえて、音符とじっくり対話をしながら、ということが基本になります。ですから、繰り返しになりますが、作曲家の勝手によって曲ができているというわけではないんですね。むしろ、だからこそ作曲という作業には、作曲家の個性や考え方、ひいては音楽観や人生観がにじんだりもするんじゃないかなと思っています。

作曲家の置かれた事情というものを少し知っていただくことで（笑）、音楽の楽しみが少しでも広がればいいなと思ってお話ししました。ありがとうございました。

（二〇〇八年七月五日、山形県飯豊町の町民総合センターにて）

飯豊山〜我が心のアルカディア〜

村田さち子

1　大地の賦

山の峰から
炎の翼をひろげ　翔けのぼる
大空に　憧れて
太陽が！　ヤハハエロー

大空はまた
大地に光を返し　歌いだす
大地に憧れて

朝を！　ヤハハエロー

キリリキリリと　キリリキリリと
大地は朝焼けに染まり
今、胸の深みで　鳴り出した
祈りの歌　ヤハハエロー　ヤハハエロー

2　とーびんと

昔　昔　あったけど
（はっ！）イイデ　飯豊は　出羽の国
（はっ！）飯豊山のブナ林
ブナの木　一本　倒されて　（はっ、なじょした？）
ブナの木　またまた　倒されて　（はっ、なじょした？）
ブナの木　つぎつぎ　倒されて　（はっ、なじょした？）

ブナの木　どんどん　倒されて（はっ、なじょした？）
ブナの木　すっかり　なくなって（はっ、なじょした？）
いつの間にやら　麓に　林が　なくなって
いつの間にやら　代わりに　稲穂の花咲いた
飯豊山の　はなしとーびんと　とーびんと

昔　昔　あったけど
（はっ！）イイデ　飯豊は　出羽の国
（はっ！）飯豊山の　はなしとーびんと　とーびんと！

3　湖《うみ》に捧げるレクイエム

しんしんと　張り詰めた　水鏡
　沈んだ村の　声がする
　　嘆く声　怒る声　祈る声　　声　声　声

しんしんと　張り詰めた　水鏡
沈んだ村の　夢ひそむ
二度ともう　洪水が　起きぬよう　もう　もう　もう

この静けさを　水底《みなそこ》に　伝えるために
このやすらぎを　届けるために
水面に　顔だし　歌い出す
川柳《かわやなぎ》の鎮魂歌
mn（ウウ）…………

4　我が心のアルカディア

パカ　パカ　パカ　パカ　パカ……
ほら、心をひそめてみると

聴こえてくる　蹄の音！
彼《か》の女《ひと》が乗る　駄馬の
百年前の　あの音が
取り巻く群れの　ざわめきが
しだいに　高鳴る
はるかな歴史　貫いて
　パカ　パカ　パカ　パカ　パカ……

「ほら！」「見ろ！」「外人だ」「おっかねえ！」
「ええ人みてえ！」「でっけえ！」

　パカ　パカ　パカ　パカ　パカ……
彼の女は　この丘に　立っていた
西に飯豊山
南に米沢の町
北に赤湯温泉

くるくる回る　太陽の下
きらめき　ほほえむ大地を
彼の女は　アジアの　アルカディアと！
イザベラ・バードは　アルカディアと！

パカ　パカ　パカ　パカ　パカ　パカ……
ほら、心をひそめてみると
聴こえてくる　蹄の音！
彼の女が見た世界
追いかけながら　丘に立ち
輝く里を　見渡せば
心に　優しく
蹄の音が　鳴り響く
パカ　パカ　パカ　パカ　パカ　パカ……

5　飯豊山

かがやかに　身じろぎもせず
　鎮まりいる　飯豊山
　　憶万の　いのち抱えて

ざんげ坂
息もたえだえ　這い登れば
両手に伝わる　おごそかな　岩の声

心して
山に向かえば　応えてくれる
気負いも驕りも　みんな捨て　無心のまま

草履《ぞうり》塚
虹の匂いに　吸い寄せられ
いただき目指せば　壮麗な　山の声
プロージット！
プロージット！

はるばると　登り詰めても
鎮まりいる　飯豊山
神います　山よ！

第4章　時代の空気と「表現する」ということ——池澤夏樹さんと

二〇一八年一一月二一日、東京の俳優座劇場で、「安保法制と安倍政権の暴走を許さない演劇人・舞台表現者の会」が、講演会「表現者は今、何を、どう語るか」を開いた。以下は、この集会で作家の池澤夏樹さんと語り合った対談をまとめたものである。対談の進行役は文学座・演出家の西川信廣さんと青年劇場・製作の福島明夫さんだった。

*

西川　「安保法制と安倍政権の暴走を許さない演劇人・舞台表現者の会」は、二〇一五年の九月九日に発足しました。安保法制が国会で強行されたのはその一〇日後の九月一九日でしたが、私たちは以来、それを記憶し異議を唱えるために毎月一九日、都内各地の駅頭でサイレント・スタンディングという取り組みを続けています。役者や劇団の関係者などが、自分たちの主張を書いたプラカードを持ち、黙って駅頭に立つ取り組みです。会に賛同してくださっている方が一四四四人、賛同団体が六五団体いらっしゃいます。発足したときにはどのくらいの方が賛同してくれるのかと心配でしたけれども、多くの方に賛同いただき心強く思っています。

しかし、もちろんその後も、現政権は安保法制という憲法に反する法律を反省するどころか、それを実行に移していますし、安倍首相は自民党総裁に三選を果たし、日本国憲法を変えようという動きも強めている状況もありますから、危機感を感じています。そういう中で、より多くの方と、今の日本がこれからどこへ行くのか、考え合う場にできればと思って、この会を催しました。

さっき楽屋で打ち合わせをしようと思ったら、池辺さんの駄洒落《だじゃれ》が次々飛び出しまして、池澤さんもそれに駄洒落で返すという状況で、頭の中を、その駄洒落の数々が飛び回っております（笑）。これからの時間を、いろんな意味で楽しみたいと思います（笑）。

最初、ちょっと堅い話になりますけれども、世界の動きの話題から。あらためていうまでもなく、二〇一七年にアメリカでトランプ政権が発足し、人種差別やムスリム、ヒスパニックといった人たちへの差別が強まったり、ヘイトクライムが起きたりしています。アメリカ社会の分断といわれるような状況が深刻化しています。そういう傾向は、世界のほかの国でも起きていて、二〇一八年のブラジル大統領選では、ミニ・トランプといわれる軍出身の極右政治家、ボルソナロ氏が当選しました。トランプ政権誕生に先立つ時期にも、フィリピンのドゥテルテ大統領、トルコのエルドアン大統領のような、同様に強権的な政治家が権力に就いています。一方でEU（欧州連合）を引っ張ってきたドイツのメルケル首相が、難民の受け入れを積極的に進めてきましたが、国内の右派の反発が強く、選挙でも政権運営でも苦境に立ち、キリスト教民主同盟の党首を退陣しました。ヨーロッパでは難民問題などで右派の政党が台頭している傾向が強まっています。

そうやって、世界的にどんどん排他的になったり分断が起こったり、右寄りの形になっている。そういう動きをどんなふうに見ておられるかということから、まずお話しいただけますか。

言いたい放題な時代

池辺　その話の前に。きょうの対談相手は長年親しくしてきた池澤さんですが、さきほど会ってすぐ、非常にアップ・トゥ・デイトな素晴らしい言葉を発してくれました。まずそれをあいさつ代わりに皆さんにも聞いてもらって（笑）。
池澤　いや、英語なんですけど……、「カルロス・イズ・ゴーン」（笑、拍手）。
池辺　素晴らしいでしょう？（笑）。

では話を戻して（笑）。極右という言葉をいま西川さんが使ったけれど、もちろんそうなんですが、もっとはっきりしているのは、ポピュリズムということだと思うんです。いわゆる、大衆の利益や不安を利用して、受けのいい主張で人気を取る政治が世界的に広がっているように思います。それを考えたときに、「人間はどういう状況が幸せなのか」を見つめなおす必要があるんじゃないかと思っています。

たとえば、かつて冷戦時代がありました。世界が東西陣営に分かれて睨《にら》み合ったり戦争が起きたりしていた。ベルリンには壁があった。それが三〇年ほど前に崩壊した。いよいよ、平和で素晴らしい時代が来るんじゃないかと、あの時みんなが思ったわけです。ところが、冷戦構造の崩壊には「抑圧からの脱出」という側面があった。ソ連が抑圧していた国々、人々はもちろんですが、対立していたアメリカのもとにあった国々でも、冷戦の対立構造がなくなったことで、人々がいろんな声を上げ始めました。領土問題、貧困の問題、人権や民主主義の問題、宗教の問題、その他あらゆる問題があちこちで顕在化し

作曲家
池辺晋一郎

ました。その内容は様々で、単純にコメントできるものではありませんが、そういう状況が生まれたことで、それらをめぐる争いが世界各地で起き始めたわけです。その結果、内戦や新たな人権侵害をはじめ、不幸な現場がたくさんできてしまいました。

「戦争の時代」とも呼ばれた二〇世紀が終わったら、次の世紀は平和な時代になるだろうと、たくさんの人が思っていたけれど、そうではなかった。二一世紀になった年に「9・11」テロが起きたのが象徴的でしたが、それ以後も暗雲が世界中を覆う時代になってしまっています。

すると、冷戦時代のような抑圧があった方が、ある意味で、静かであったようにも見えるかもしれません。今は、何でも言える時代になり、政治家でさえ、何でも言う、極端なことを言う人が出てくるようになりました。従来だったら抑えていたような主張を隠さないし、それがある意味で、新鮮に聞こえ、力を持っているようにも聞こえる。そこから、ポピュリズムも生じているのかなと、僕は思っています。

そんな現状を表面的に見たら、中には、抑圧があった方がいい、冷戦時代の方がよかったという意見も出てくるかもしれませんが、もちろんそんなはずはありません。表面だけでなく、起こっている問題を冷静にとらえながら、一人ひとりが何をすべきか考える、そういうことが必要な時代になっているんじゃないかと、僕は日常的に感じています。

池澤　民主主義は近代ヨーロッパで生まれたわけですけれど、その根本には、「人は放っておけば、わがまま勝手に欲望のままに振る舞うものだ」という認識があったのだと思っています。それをいかに抑え、利己主義だけじゃなくて利他主義も含めて社会を運営していくか——その理念をヨーロッパ人たちは考えてつくってきた。それが民主主義だったのではないかなと思います。

ところが最近になって、その理念が崩れて、みんな勝手放題、言いたい放題を言えるような空気が出てきて、いわゆる反知性主義も広がっています。知識人たちは、ヨーロッパ人が考え抜いてきた民主主義の理念をなるべく広めようとして、最終的にはそれがみんなの幸せにつながる——最大多数の最大幸福など——というふうに説いてきたし、多くの人たちも、それをまじめに聞いてきた。それがある時点から、知識人に対し「何を偉そうな顔しやがって」と否定する空気が生まれるようになった。最近の日本だと、大阪の橋下徹さんあたりがいい例だと思います。それはけっきょく、それぞれの立場でわがまま放題をしてもいいんだというような考え方を根底に持っています。世界的に広がっていますね。

その一つの理由はツイッターやフェイスブックなどのＳＮＳ（ソーシャル・ネットワー

ク・サービス）だと思います。かつて、別にインテリだけが発言権を持っていたわけではないのだけれども、彼らは何かについて発信する時、対象の歴史を調べて、共有できる原理をもとにして発言してきたし、それに対して、たとえば編集者や校閲などの確認・点検も入って、彼らの発言に嘘や事実誤認が混ざらないようにしてきた。汚れてしまってはいけないものを、きれいに保ってきたんです。

ところがSNSは、誰でも、何でも発信できる。そして、「何か言った」というのは、いい気持ちなんですよね。「オレも何か言ったぞ」という達成感が得られる。しかしその中身は誰もチェックしていません。

そういうSNS上で、似たような考えの人が集まると、一種の徒党を組んだような、また別のチカラ感のある快楽・快感も得られます。そこにいれば、教養や知性が自分たちの考えを批判するものだったとしても、そんなものは受け付けなくて済むし、歴史的な背景や事実関係などもどうでもよくなって、自分たちの主張に酔うことができる。そうやって、その場その場で、いい気持ちでやっていこうという流れができて、その結果が「今」なんじゃないかと思うのです。

これは、そこだけ見ていたら止めようがない。従来共有されてきた、物事に対するまっとうな理解が揺らいでくるような現象なのだけれど、でも、民主主義には違いないですし――一人一票という原則はありますから――SNSを利用するのももちろん自由ですから。しかし、民主主義であれば、それだけでいい社会、いい政治になるかというと、全然そうじゃないことが明らかになってきたという気はしますね。

池辺　ポピュリズムは近年になって芽生えたものというわけじゃないですね。一九四〇年代にアルゼンチンの大統領になったファン・ペロンも、もちろんアドルフ・ヒトラーもポピュリズムの一つの形だと思います。そういう政治家は昔からいたし、そういう言動に動かされる民衆もいたわけだけれど、それでももう少し抑えが効いていたと思うんです。それが今は効いていない気がする。SNSなどもそうですが、それだけじゃなくて、人々の心の中に、内容の正否を問わず、何を言ってもいい・やってもいいんだという気持ちが巣くってき始めてしまったのではないでしょうか。

こうした傾向をどうやって変えていくのかということは、やはりみんなで考えなきゃいけなくて、誰かが指導したり指示したりするようなものじゃないと思います。うまく言えませんが、機運を変えていかないといけないというか。

池澤　さっき、知識人が民主主義の理念を広げようとしてきたというようなことを言っ

作家
池澤夏樹

たけれど、主権在民の原則があれば、国の「王様」はごく普通の人たちです。知識人、インテリの仕事は何かっていうと、この「王様」に対する「顧問」のようなもの。「王様」が何かしようとするというときに、「そこでそういうふうになさると、五〇年前は戦争になりました」っていう事例を出したりして再考や反省を促すことのできる人。でも「王様」がいつもその「顧問」の言うことを聞いてくれるとは限りません。つまり、「顧問」の一人でしかないから。ことによると、「財政関係の顧問」の方が、発言権が強かったりすることもあるでしょう。

そうやってだんだん、僕たちのような知識人は肩身の狭いことになってきている。一方で、勝手放題の心地よさにひたっている「王様」もいたりする。機運、どうやって変えますかね。

池辺　どうやって変えるかっていう結論はすぐには出てこないけれど、方向性を見定める必要はあるのじゃないかという気がします。方法論はゆっくり考えるとして、「どこへ向かうか」っていうことを考えなきゃいけないと思う。

池澤　具体的に安倍政権がしていることや、安倍首相が発言している中身を考えると、一つ、また一つと、従来の日本の政治の世界では通らなかったはずのことが、いいかげんな形で通っています。自衛隊の役割にしても、憲法の意味にしても、かつてであれば、たとえ自民党政権であっても、そういう理解は受け入れられないとされてきたものが、自民党の政治家はもちろん、一般の人々の中でも受け入れられている。全体としては、ちょっと追いつめられているような感じがあって、自分が立っているところは真ん中だとずっと思っていたのに、気がついたら、すっかり左の端になっている。社会全体が右へ動いてしまったから。こんなはずじゃなかったと思うんだけれども。

池辺　そうだね、そういうことは僕も強く感じます。きょうここにいるたくさんの方も、同じように感じているんじゃないかな。

僕も、自分の立ち位置は真ん中じゃないかとずっと思っていましたね。ニュートラルだと。ところが、世の中がどんどん右へ行くと、自分がいるのは、比較すれば左側によってくるわけですよ、僕自身は変わってなくて同じ位置にいるんだけど、周り、というか全体が右に動いている気がします。

経済最優先をやめては？

池澤　本当にひどい話だと思う具体例を挙げると、原子力発電について。僕は、「3・11」の後、これで原子力発電は終わりだなと思った。こんな怖いものをもう今後は使えるはずがないと。だから、いかに早く原発から脱却するか、廃止するかっていう流れになるだろうと思った。悲惨な災害ではあったけれど、それを契機に、世の中を変えるっていうことはできるだろうと思ったわけです。

しかし全然変わらない。変わらないばかりか、次から次へと屁理屈をならべて、原発を今後も継続していこうとしている。その背景にはお金の問題がある。「彼ら」が手に入れるお金ですよ。日本全体じゃなくて。

今、多くの原発が止まっているけれども、あわよくばまた動かそうともしています。「原発がないからこんなことになったんだ」というような言い方も使ってね。その最近の例は、二〇一八年九月の北海道胆振《いぶり》東部地震の時のことです。

あの時、全道が停電しました。ブラックアウトです。僕は札幌の自宅にいたんですが、電気が来ませんでした。電気が来ないと、たとえば高層マンションだったら、階段を全部降りていかなければ外に出られない。非常階段はだいたい建物の内側にあるから、電気がつかなかったら真っ暗です。水を汲み上げる機械のモーターが停電で動かないから、懐中電灯の明りで非常階段をおそるおそる降りていって、下から、たとえばバケツに汲んだ水を持って昇っていく。二〇階まで持って上がるの、容易じゃないですよ。そういうことをしなければいけない状態になってしまった。それでもまだ九月の出来事だったからよかった。冬なら人が死んだはずです。北海道ですから。今は石油を燃料にする暖房装置だって電気がなかったら動きませんからね。

で、なんでそんなことになったかと考えると、もともと泊原発が止まっていた。一見、コストが安い建前になっている原発が止まると――「原発はコストが安い」という説についても異論がありますが今はとりあえず措《お》くとして――ほかの発電は「原発に比べコストが高い」などと言われる。で、それをせいぜい安くするために、北海道の発電を全部一箇所に担わせた。苫東厚真《とまとうあつま》という石炭火力発電所ですね。その厚真の発電所があの地震で壊れたんです。電源を分散しておけばブラックアウトなんて避けられたものを、原発にこだわってそれとのコスト比較ばかり考えていたものだから、北海道中が停電してしまった。

だから、原発にこだわっていて電力の安定供給ができなかった、と反省すべき話なんです。ところが、原発を動かしていればこんなことにはならないなどと無責任なことを言う人が出てきたりする。泊原発というのは、原子力規制委員会の甘い審査さえ通らないくらい、安全性に問題のある原発なのに。

あのブラックアウトについていえば、ほかにもいろんな形で防ぐことはできたんです。こういう話になると長くなっちゃうけど（笑）、二〇一一年の「3・11」の時、北海道は発電力に余裕があったので、本州に電気を送れたんです。「北本《きたほん》」（北海道・本州間連係設備）と呼ばれる送電線があって、それを使えば電気を融通できた。ところがこれが六〇万キロワットという非常に限定された容量しかない送電線でした。「もっと太い線にしていたら全然違っていたのに」と多くの人が指摘して、しかしそれから七年後の北海道胆振東部地震の時点でまだ六〇万キロワットのままでした。電源開発が持って運用している設備ですが、ありていに言えば「お金がかかるから」という理由で容量を大きくしようとしないんです。

そんなことも含め、僕らは電力会社や国に対して、いろいろ問題を指摘して提案もしてきました。それができていたら、ブラックアウトはなかったというようなことを。でも、全部お金がらみで中央は決めていく。電源の分散とか発・送電の分離とか、まっとうなことを言っているはずなのに、国も電力会社もまったく聞く耳を持ちません。

でもそれは、言いつづけるしかないんですよ。一個一個の問題を取り上げてそれをどう解決するのかって提案をしていく。一顧だにされなくてもとにかく提案する。それを、続けましょう。

池辺　原発の問題もお金の問題だと池澤さんの指摘があったけれど、似たようなことはほかの分野でもある気がします。「経済」というものをこんなに「崇高《すうこう》」なもの、一番トップの概念であり関心事とするという考えをやめたらいいんじゃないかと、僕は常々思うんですよ。日本は何事も経済優先でやってきたけれど、よくよく考えてみると経済というのは絶対に目的にはならないんです。経済が、何かのために必要な、重要なものであることは認めるけれども、それ自体は最終的な目的ではない。生活のために収入を得られるようにするとか、将来のために社会保障にお金を使うとか、安全・安心のために公共施設を整備するとか……経済の先には、人間のまっとうな生活なり人生なりといった目的があるはずです。

今はそれが逆転しているというか、経済の事情ばかりが優先されて、人間的な暮らしや安全は二の次という考え方になっている。経済発展が目的なのではない。それは何かの手段だったはずなのに。どこかで狂っちゃっていると思うんです。それを変えていくことによって、いろんな問題が一つずつ——池澤さんが言ったように、ワン・バイ・ワンで変えていけるんじゃないか。さっき、「機運」という言葉を使いましたけれども、「経済が第一だ」ということをどこかで崩していくことから始めたいと、僕は個人的には思っています。

福島　今の日本の政治の中にも、大企業に手厚い「経済最優先」という方向が本当に目立つし、安倍政権の経済政策もそういうものだと思います。一方、そういう状況に対して、自由な立場から報道するはずのマスメディアも肯定的な報道が大勢で、彼らは「経済がこうだからメディアがこうなった」という言い方をしたりします。メディアは本来、政治や社会のありように対し、批判的な言論を提供できる存在だったのではないかと思うのですが……。

批判的な言論の役割については、別の視点もあって、たとえば僕たちのような運動が、若い世代にどういう言葉で語りかけるべきなのかという問題もあると思います。若い世代は、現在の生活においても将来においても、かつてに比べ、いろんな意味で不安定な状況、あるいは孤立させられた状況に置かれていると思いますけれども、だからといってたとえば政治の現状に批判的になっているかというと、単純にそうとは言えません。

そういったあたりのこと、どちらの論点でもいいのですが、お考えもうかがえればと思います。

議論がなくなり世間が狭くなった

池澤　問題は無関心ですよね。若い人は、昔は、わからないなりに屁理屈を言ったり、議論をしたりしていたし、全然違う種類の人たちに出会っても議論ができたんだけども、ある頃から、とても世間が狭くなってしまったように見えます。家を出て、コンビニに行って、帰ってきて、テレビ見て——今だったらスマホをいじって——それだけで世間が出来上がってしまうようになった。

日本の若い人たち、全然海外に出なくなりましたね。一九六〇年代後半から七〇年代にかけて、世界中で若い層が既成の社会や価値観に対抗するムーブメントを担った頃、ヒッピーとなって海外を一回りしてくることが、一種の流行だった面もあった。それは今はすっかりなくなりました。説教臭いことを言いたいわけではないのだけれど、小さくまとまって、ぬるい風呂の中でじっとしているように見えなくもない。「うっかり出たらカゼ引くぞ」みたいな空気になってしまっている。

そういうことは、今挙げられたもう一つの論点のメディアの状況とももちろん関わっていると思いますけれど、ただ、新聞について言えば、誰も新聞読んでないですよ、今の若い人たち。ただ、それでも実際には、たとえば若い人がスマホで見ているちょっとしたニュースだって、誰かがどこかで取材し原稿を書いてニュースに仕上げているわけで、その力を一番持っているのは、やはり新聞社なんです。だから今でも、新聞の役割は大きいし、そのあり方を問うていくことは大事なことだと思います。

ただその新聞も、ある種の党派性のようなものが鮮明になってきていて（笑）、どの新聞を読んでいるかでまるで違う社会像が得られてしまう。一つの議論の場をつくるための新聞ではなくて、各自が自分の意見を強化するために使うようなことになってきているのかもしれない。

池辺　照明の関係で、僕らからは客席、みなさんの表情がよく見えないんですけれど、見たところ、そんなに若者はいないようですね（笑）。何歳から下が若者なのか、曖昧《あいまい》に言っているんですが（笑）。

「議論」という言葉も池澤さんの話に出てきましたけども、本当に若者が議論しなくなったと思います。自分の話で恐縮ですが、たとえば大学生のころ、作曲をすると、必ず友人は僕の作品をけなしました。僕はそれに怒るし、大議論になるのが常でした。今、若い人が、自分の新作を演奏したりすると、その友だちはとりあえず褒めます。「いい曲書いたね」と。そうすると書いた本人は「ありがと」とか言って、それで会話終わりですよ（笑）。

「何だ、これは」と思ってしまう。

僕は、歳は池澤さんの二つ上ですが、同世代といっていいでしょう。僕らの世代の一〇代～二〇代の頃は「議論の時代」だったし、学生運動の時代でもありました。僕は都立高校を出ましたけれども、ちょうど高校一年生の時が一九六〇年、つまり日米安保条約が改定された年で、それに反対する運動が全国で盛り上がっていました。振り返ると、当時の僕はなんだかよくわからないのに、そういうことをやりたがる友人と一緒に国会へ行っていました。デモ隊が国会に突入して東大生の樺《かんば》美智子《みちこ》さんが亡くなったときです。

そんな時代だったこともあって、音楽の話、社会の話……、ともかくしょっちゅう議論をしていました。学校でもやったし、高校を卒業して友人がそれぞれの大学に散った後も、夜は安居酒屋に集まって、何だかよくわからないけれど、口角泡を飛ばしていたという記憶があります。

だから、さっきの話に戻りますが、お互いの作品をまずはけなし合って、喧嘩寸前になるくらいの大議論をしていた、そういう時代を過ごしてくると、今の若者たちは不思議です。よくあれで欲求不満にならないなと。「いい作品書いておめでとう」「ありがと」、これではお互いが考えていることがわからない。「もうちょっとちゃんとしたこと言えよ」って言いたくなる。

お互いに言わないし、言われないことに慣れているものだから、相手がちょっと、「ちょっとあそこのところ、ヘンだったぞ」なんていうとキレてしまうこともある。それも「とりあえず褒める」のと同じで、議論になるわけではない。褒めても批判しても上辺のことだけで終わってしまう。そういう時代になっちゃった。世界の動きやポピュリズムの話とは、少しまた問題の表れ方は違うけれど、この「機運」も変えなきゃいけないと思っています。

これはなかなか難しい問題かもしれないけれど、でも、変えられるとも思っています。歴史は繰り返すというか、「凸《とつ》の時代」があれば、次は凹《へこ》む。次にまた凸になるっていうふうに、これまでも繰り返してきたんじゃないでしょうか。別に、楽天的に考えているわけじゃないのですが、人は過去の歴史に学ぶものです。いまは間氷期ですが、いつか氷河期が来るのに似て、人間の行動や考え方についても大きなスパンでとらえることができると僕は思うんです。

ちなみに、昔は「議論の時代」だったと言いましたけど、本当に意味のある議論をしていたかどうかはわかりません。あの頃の学生運動、意味のないことを叫んでるだけの人たちも多かった。頬被りして、鉄パイプ持って、「われわれはァー、われわれでェー、われわれのォー」とか何とか、ほとんど意味のないこと叫んでいる人も多かった。たぶん、叫ぶこと自体に意味があったんでしょう（笑）。

それが、表面的には活気があると見えたかもしれない。でもそれが、浅間山荘事件（一九七二年、「連合赤軍」を名乗る者たちが長野県の保養所で人質を取って立てこもり、警察に包囲され多くの死傷者を出した末に犯人が全員逮捕された事件）にまで行ってしまったわけだから、おそろしい、愚かなことだったと思います。若い人たちの社会運動は、それ以後、急速にしぼんで、「若者はノンポリ化した」などと言われるようにもなりました。しかし、人々が社会や政治のあり方にまっとうな問題意識を持ったり、あるいは中身のある議論をしたりすることは、今も昔も大事なことなんです。意味のない議論をしたり、犯罪に走ったりするのとはまったく別のこと。

さっきから「機運」って何度も言っていますけれども、機運は、ただ傍観するんじゃなくて、歴史を眺め直して、まっとうな方向へ動こう動こうとする、蠕動《ぜんどう》を始めるということで生まれてくるんじゃないかと思うんです。楽天的ですかね。

池澤　いや、変わるでしょう。このままつぶれていかないでしょう。いろんなことがあると思う。

自分のことを振り返ってみると――二人とも歳だから振り返る形になるんだけど（笑）――あの学生運動、僕は横目で見てました。あれじゃ変わらないよと思って。「あいつらはたぶんそのうち飽きて、普通に卒業してサラリーマンになっていくだろう。だけど僕はたぶん、いい歳になるまでずっと、同じようなことを言いつづけるだろう」と。「同じようなこと」っていうのは、その時に考えていた、「一歩左のポジション」です。安保条約改定には反対したし――あれは中学三年の時だったかな――下級生の教室にいってアジったりもしていました（笑）。

自分のものの考え方は、今までほとんど変わっていないし、同じようなことを言ってきた。僕は母親っ子だったのだけど、やはり彼女は「一歩左」にいて、再軍備に反対したり、あのころの自民党にも批判的な見方をしたりしていた。それを聞きかじりながら、やがて自分自身の意見を、僕は少しずつつくっていったのだと思います。

池辺　ところで、さっき福島さんが安倍政権の話をしたけれど、僕もあの総理大臣には、やめていただきたいと思っている。ただ僕は、彼について一つだけ認めていることがあるんです。ある時、ジャイアンツの、当時はキャッチャーだった阿部慎之助選手に、あの首相が会ったらしい。その時、「あなたは捕手だそうですが、私もホシュです」と言ったらしい。悪くないじゃないですか（笑）。ただ残念なのは、そこまで言うのなら、もう一つあった方がいい。「わたしはトウシュ（党首）だけど、あなたは投手じゃない」と（笑）、そこまでいけば面白かったね（拍手）。いいですよ、拍手は（爆笑）。

で、結論は何かっていうと、僕があの人に認めてるのはそこだけだということです（笑）。

批判を続け積極的な提案をする

西川　それはともかくとして（笑）、さっき経済優先という話が出て、一方で若者が議論をしない、異を唱えないという話も出ましたけれど、安倍政権なり安倍首相に対して、二〇代の若者が支持しているという調査結果もありますね。

池辺　無関心な人たちが、とりあえず現政権に入れておけば無難だろうと思うことが多いんじゃないでしょうか。

池澤　ほかの体制とかほかの政治家のあり方が想像できない。そこにあるものを見て、そういうものだと思う。そういうところにとどまっているという面はあるでしょう。

西川　しかも、多くの人は実感していないけれど、就職率が上がっているとか、数字だけは出ています。数字の裏にある実態はそんなに明るいものではないと思いますが、そういうことが言われてはいる。すると、現政権のやり方に、積極支持はしなくても、消去法的に考えて「まあいいか」となる面もあるかもしれません。
池辺　「無関心」も理由の一つだとして、もう一つ、自民党が、自分たちが勝つような選挙制度をつくっているという問題もあると思います。自民一強・安倍一強の背景には。小選挙区制度は一選挙区で一人しか当選しませんから、相対的に大きな政党、つまり自民党がどうしたって勝つことが多くなる。批判票が多くても、自民党が一票でも上回ればほかは切り捨てられます。政治不信が募って無関心になる人が増えていけば、ますます自民党が勝ちやすいしくみです。だから、自民党はずるいというかうまくやっている。それを認めちゃっている国民にも問題があると僕は思う。
池澤　そうなんだけれど、選挙制度をつくるのも国会であり、自民党は自分たちの首を締めるようなことはしない。だから、何かがきっかけで変わることがあればともかく、しばらくあれでやっていくしかないと思います。僕らは、それに対して、ともかく批判を続けるしかない。
僕は月に一回、朝日新聞にコラム書いていて、それで思うんだけど、嫌味を言ってもダメなんですよ。からかってもダメなんですよ。もっと何か積極的な提案をしなければ、決して政権批判にならない。現に進められている政策に対して、「それではうまくいかない、事の道理からしたらこうでしょう?」と提案するんです。

池辺　権力者に「出ていけ！　許可証を取り上げろ」って言われるくらいのことを言わなきゃだめなんですよ（トランプとCNNの話）。

池澤　そうだね。

まあそれはともかく（笑）。さっきの原発・エネルギー分野の話でいえば、ほかの国がどんどん自然エネルギーにシフトして、そこにむしろ経済的な商機を見いだして流れを変えた。僕らも国に対して、「別のやり方だってあるじゃないか。国によっちゃ、もう半分自然エネルギーだよ」と言ってきました。それに対して、この国は、あれこれ理由をつけてサボっている。国全体が世界のトレンドから遅れ、ビジネスチャンスを逃している。「3・11」から始めていれば全然変わっていたと思います。太陽光発電については、太陽光パネルを設置する家に対して出していた補助金を、ある時やめてしまって、とたんに普及率が伸びなくなったし。

そういう状況なのだけれど、ともかく具体的な提案をしていけば、国がそれを無視したとしても、その愚かさが多くの人に見えてくる。それは必ず変える力になります。

福島　アメリカの中間選挙が二〇一八年秋にありました。アメリカの共和党と民主党の間には大きな路線の違いはありませんが、この中間選挙では、二〇一六年の大統領選で旋風を巻き起こしたバーニー・サンダース議員に近い、いわゆる進歩派と呼ばれる候補者たちが健闘した印象があります。その一人、一年前までウェイトレスをしていたということで話題にもなったアレクサンドリア・オカシオ・コルテスさんは、ニューヨーク州で党の重鎮でもある現職に予備選で勝ち、本選でも当選して史上最年少の下院議員になりました。彼女は、国による雇用の保障や国民皆保険に向けた改善、公立大学と職業専門学校の無償化、再生可能エネルギーの一〇〇パーセント化などを掲げています。似たような動きはほかの州、ほかの国でも起きていると思います。極右、ポピュリズムが台頭する一方で、こうした動きも生まれているのは、今のお話に照らしても興味深いですね。なかなか日本では、そういう動きが報じられていないですけれども。

池辺　日本のマスメディアが、そういう動きを報じていないのは、やはりどこかで操作されているんじゃないかなと案じてしまいますね。でも、たしかにアメリカの中間選挙では注目される動きがありました。それも、先ほど話した、歴史の凹凸《おうとつ》ということなんじゃないかな。

池澤　日本でいえば同じような運動では安保法制に反対したＳＥＡＬＤｓがありました。

話題になったし、批判的な世論を広げる力になりました。同じような動きが、また日本でも出てくる可能性はもちろんあると思う。

マスメディアが官邸に操られている、抑え込まれているという話はよく指摘されています。二〇〇四年に戦時下のイラクで、ボランティア活動や報道のためにあの国に行っていた高遠菜穂子《たかとおなほこ》さんら三人の日本人が誘拐され、その後、無事解放されるというできごとがありました。三人が日本に帰ってくる時、一説によると、官邸が各メディアのトップを集めて、三人を賛美するな、国の方針に逆らった連中なんだからということを話し、メディアはそれに従ったという話を聞いたことがあります。噂話で真相はわかりませんが、あの時、たしかにメディアでは三人に批判的な論調が多数を占め、世間の声も三人へのバッシングの方に流れました。

あれ、非常に微妙な問題だったと思います。三人を、多くの日本人にできないすばらしいことをした人たちだと受け取るのか、それをむしろ悔しがるように、「なんだあんなやつら」と言うか、二つのどちらに流れるのかはすごく微妙だったけれど、一瞬にして片方に傾いた。

池辺 「危険な場所に行った方が悪いんだ」というのは、ついこの前も日本人ジャーナリストがシリアで誘拐され解放された件で、ずいぶんそういう声が上がりました。

池澤　今のポピュリズムに顕著なのは、感情で判断することですよね。理性ではなくて。感情というのは非常にふらふら揺れるものであるし、どちらかというと否定的なものが多い。つまり、褒めるよりは、妬《ねた》む、けなすという方へ――自分で向かうのか、メディアに引っ張られているのかはわかりませんが――事が動きやすくなりすぎている。もうちょっと落ち着いて考えよう、考えようよって言いたいけれど、考える前に、思ったり感じたりしていることに身を任せてしまう。何かを思ったとたんにすぐ口にする。

人と人が喧嘩になる場合っていうのは、思ったとたんに口にするからでしょう。それでその応酬でどんどん悪口がエスカレートしていく。それと同じことを、何か社会全体でやっているような気がするんですよ。そんなにすぐにカッとなっていいのか、妬みってそんなにいいものなのかとか、日々感じるんですけれどもね。

沖縄――この国のみっともなさ

西川　ところで少し話が変わりますが、お二人は、沖縄の基地問題をどのように考えてらっしゃいますか。沖縄は、ある意味で住民が国の方針に反対する選択を、選挙ではっきりと示してきた――その意味では県全体として安倍政権と対決する姿勢を取っているわけですし、お二人ともいろんな意味で関わってこられたと思いますので。

池辺　沖縄はほとんど毎年行っています。辺野古も普天間も何度も訪れています。行けば、あちこちに米軍基地があり、その広さも半端じゃないことが目に見えるわけですから、沖縄への基地の集中を実感します。日本の米軍専用施設の七十数パーセント、つまり四分の三が沖縄に集中している。

それだけ現代の日本は沖縄に犠牲を強いているわけですけれど、実はそれは現代だけの話じゃない。ご承知のように、先の大戦で地上戦があったのは沖縄だけですが、そこで当時五九万人いた県内人口のうち一二万人が亡くなっています。でもそれだけじゃない。もっと前、江戸時代の頃は、沖縄は琉球王国でしたが、やはり薩摩藩に侵略され犠牲を払ったわけです。

日本の中にありながら、沖縄はそういう犠牲を強いられてきた歴史を持っているし、今もそうなっているということを、日本人が自分自身の問題として考えなければいけないのに、まったくしていないと感じます。これはおかしいと思う。

池澤さんが一時、沖縄に住んでいて、その時も僕は沖縄に行った。ちょうどイラク戦争の直前で、歌手の喜納昌吉さんがイラクへ行くというので、その壮行会に二人で行ったりもしました。キナ臭いところに行くんだな、キナさんは、と思いましたね（笑）。その後、あの人、政治的立場がちょっと変わってしまったのだけど、でも当時はそういうこともあった。

沖縄に行くと、沖縄の人々の平和を求める心、基地に反対する心というものをひしひしと感じます。四六時中、米軍基地、米兵に囲まれて生活している状況にふれれば、「これは大変なことだ、何とかしなきゃ」って思いますよ、日本人として。こんなことをいつまでも続けさせちゃいけないと思います。

池澤　沖縄の話になると僕はキリがない。一〇年暮らしましたから。ですから、僕のうちの何パーセントかはウチナーンチュです。少なくとも「島ないちゃー」（本州など、いわゆる「内地」から沖縄に移り住んだ人）として、いろんなものを見てきたし考えてきたし、そのたびに発信してきました。

沖縄に引っ越した理由は二つありました。一つは「帰りそびれた観光客」だったということ（笑）。もう一つは「勝手な特派員」です。沖縄の状況を、本土の週刊誌や新聞に報告しようと思ったんです。こんなひどいことになっている、米軍がまた事故を起こした、基地の汚染がひどい、また米兵が暴行事件を起こした、等々。知事の車に追突したバカな米兵がいたりして。僕が書かなきゃ誰も書かないと思ったから一生懸命発信した。で、それでずっと考えていたんです。なんで沖縄には基地を置いておいていいのか。なんで沖縄なら、地上戦をさせて終戦の引き延ばしをしてもいいのか。沖縄戦での死者は全体で二〇万人に上りますが、あれは要するに大本営が終戦のきっかけがつかめなかっただけ。何でそんなことになったのか。

まず一つの理由は東京や本州から遠いからです。それから気候・風土が違う。歴史も違う。さっき池辺さんがおっしゃったように、かつては琉球王国で、それを薩摩が侵略し、明治になってから、無理やり県に仕立て直した――「琉球処分」といいました、あの時は。

戦争中は日本の戦況が悪化してくると、沖縄を「盾」にして、ともかく終戦を先に延ばす。戦争が終わったら、今度はそのまま米軍に渡してしまう。そちらで持っていってください、基地いくらでも造ってくださいと。そんな歴史が延々と続いてきた。すべてあそこが「違う」ところだから。あそこは「別のところ」だからいいんだと。これは「二級の国土なんだ」という発想です。それが「こちら側」にあって、平然と、今に至るまで別扱いにしてきた。

じゃ、それに対して僕はどう言ってきたか。「沖縄の人たちがかわいそうだから基地を引き取ってください」とは言いません。「かわいそう」とは思わない。彼らは状況を変えるために粘り強くたたかっています。僕は沖縄を「二級の国土」視して、一箇所にあれだけ迷惑施設をまとめて置いて平気な顔をしているこの国が、国の姿としてみっともなくないか、恥ずかしくないのかと言っています。そんなみっともない国だと外国から思われていていいのかと。

たとえば米軍の兵隊が犯罪を起こす、これに対して日本の警察はほとんど手が出せません。日米地位協定があるから。

地位協定は米軍基地を置いている国にはどこにもあるのか。あります。でもドイツにしてもイタリアにしても、何度も何度もアメリカと交渉して、自分たちに不利だった地位協定を変えてきました。たとえばイタリアに置かれた米軍基地には、イタリア人が入って監視をしています。あるいは、飛行機が飛ぶときに騒音が一定以上にならないように、双方から委員を出した委員会があって、騒音軽減に努めています。それは努力の結果です。しかし日本政府はまったく何もしてこなかった。今もするつもりがない。非常に不合理な地位協定のまま、「すべてアメリカ様のおっしゃるとおり、仕方ないでしょう」という態度です。

こういうことは言いつづけなきゃいけないんです。米軍普天間飛行場の滑走路の中心から二〇〇メートルのところに幼稚園があります。小学校もあります。子どもたちは、毎日毎日、とんでもない騒音の中で過ごさなければならない。小学校では、米軍機の離着陸のたびに一分間、騒音で先生の声がきこえなくなる。政府はそれに対し窓を防音にしただけです。そんなもの効果も意味もないですよ。

右翼が使う車がありますね。大きなスピーカーがついた。

池辺　街宣車ってやつね。

池澤　そう街宣車。あれを沖縄以外の全国の小学校に派遣して、普天間基地の騒音を再現する。「基地の騒音はこのぐらいです」と。そうしたら、少しはわかってもらえるんじゃないかな。

でも、「そんなうるさいものはごめんだ」と言われるだけでしょう。つまり「あっち側」の立場に立って考えるっていうことは、「こっち側」の人はしないんです。

池辺　その通りですね。

池澤　僕は、文句言うだけではダメだと思ったから、何か提案しようと考えてきた。一九九五年頃かな、たまたま日本地図を見ていたら、鹿児島県の種子島の横に、小さな島があるのに気がついた。あれ、こんな島あったんだ、と。調べてみると、馬毛島という無人島でした。縦に三キロちょっと、横幅が一キロちょっとあって、どこかで見た形だなと思ったら、普天間基地の形に似ているんですよ。

これが種子島から五〇キロくらい西にあって、無人だし、しかも地権者が一人だったから、国が買収しやすい。ほとんど平らで工事も簡単だし、実は嘉手納と岩国から等距離の位置にある。「普天間をここに移すことは検討できないの？」という提案を週刊誌でやった。馬毛島にしたって迷惑施設が来たら困る面はもちろんあると思うけれど、周囲は海だし、基地の隣に人が住んでいる、学校があるという環境ではありませんから、住宅密集地にある現状と比べたら、国の姿勢の問題として、検討くらいはしてもいいんじゃないかと思った。以来、ずっと今まで言いつづけてきたけれど、一切答えはありません。たぶん「米軍様」がいやだとおっしゃってるんでしょう。

一九五九年に沖縄で、当時の石川市、今のうるま市で、宮森小学校という小学校に、米軍機が墜落して、子ども一一人を含む一七人が亡くなるという悲惨な事件がありました。このところ沖縄では海でも陸でもしょっちゅう米軍機や米軍ヘリが墜落したり不時着したりしている。宮森小学校事件のようなことがまた起きないか、みんな恐れているんですよ。そんなことを、何かにつけて言っているんですけれど、即効性はないです。しかし続けなければいけないと思っています。

池辺　犠牲の話の続きですが、戦争中に沖縄の学童疎開船が本土に向かう途中、アメリカの魚雷攻撃を受けて沈没し、一五〇〇人近い犠牲者が出たという話、皆さんご存じでしょうか。対馬丸という船で沖縄から北へ向かい、鹿児島県のトカラ列島の悪石島近くでボーフィンというアメリカの潜水艦の魚雷攻撃を受けたのです。

あまり日本全体には知られていない出来事ではないかと思います。僕はこの事件を合唱曲にしました。しょっちゅう歌われています。子どもの合唱と大人の合唱が合わさった、七曲からなる組曲ですけれども。知らせていかなきゃならないと思って……。せめてできるのはそのぐらいだけれど、そこから始めなきゃいけないと思って取り組んでいます。

西川　新聞で二〇一八年八月に任期半ばで亡くなった沖縄の前知事・翁長雄志さんの言葉を読みました。今のお話とも関わって、何とも考えさせられる言葉ばかりなので、いくつか紹介したいと思います。

「沖縄が日本に甘えているのでしょうか。日本が沖縄に甘えているのでしょうか」「（総理が言う）『日本を取り戻す』の中に間違いなく沖縄は入っていないという感じがしております」「普天間は危険だからたいへんだなとなって、その危険性除去のために沖縄が負担しろと、こういう話がされること自体が日本の堕落ではないか」「歴史にも、現在においても沖縄県民は、自由、平等、人権、自己決定権をないがしろにされてきた。私はこれを魂の飢餓感と表明している」。

池辺　基地建設に反対する人々に対し、警察側は、沖縄県警だけでなく全国から機動隊を動員して排除・妨害していますよね。二〇一六年の一〇月、東村高江《ひがしそんたかえ》のヘリパッド建設に反対していた人に大阪府警の機動隊員が、「ぼけ、この土人が！」と暴言を吐いた出来事がありました。問題になりましたけれど、こういう差別的な言葉が出てくるのは、先ほど池澤さんが言ったことの表れだと言わなくちゃいけない。沖縄の人を下に見る意識です。そういう意識を持っていることを、自覚していない場合もあると思う。そういう問題だということをできるだけ広めていって、是正していかなきゃならないと思います。そのためにも、沖縄の事実、沖縄の歴史を多くの人に知らせる必要があるし、マスメディアはそういう役割を果たしているかどうか自問してほしい。

池澤　対馬丸で思い出したことを。二〇〇一年の「9・11」の後、世界中の米軍基地は警戒態勢に入りました。ゲートを閉めて、武装した衛兵が立ち、いっさい外の人間を入れない、臨戦直前の状態になったんです。その時、日本各地から沖縄に修学旅行に行く動きがピタッと止まりました。「そんな危ないところに子どもを送りたくない」。よくわかりますよ。しかしその時、県外の人たちは誰一人、沖縄にも子どもがたくさんいるんだということに気づかなかった。考えもしなかった。

「そんな危ないところ」である沖縄は、子どもたちをどうすればいいのか。もう一度、対馬丸のような船で、沖縄の子どもたちを九州へ運ぶのか。この状況が、「対馬丸」の沖縄にとっての意味、悲しみを示していると僕は思う。

憲法の機能は権力から国民を守ること

西川　少し話題を変えますが、池辺さんは憲法を題材にした曲をいくつも作曲しておられます。今日はそれを少しだけで恐縮ですが、みなさんにも聴いていただこうと思っているのですが。

池辺　では二つだけ、ＣＤを持ってきたのでお願いします。さっきからここでしゃべったり、時々文章を書いたりもしますけれど、池澤さんみたいな専門の文章家にはかなわない（笑）。

池澤　僕は作曲しないから（笑）。

池辺　それで、音楽で主張できることはしようと思っているので、こういうこともやっていますということを知っていただければと。

一つ目は前文と九条の条文そのものを歌詞の一部に使っている曲です。一九九四年に、東京の八王子の合唱団に頼まれて書いた五曲から成る合唱組曲で、「レクイエム・いのちこそ」と題されています。広島の平和公園の中にある彫像「教師と子どもの像」に刻まれている言葉などを素材にしていて、最後の第五章で憲法前文と九条を歌詞にしています。あちこちで歌われています。

（録音流す。拍手）

ありがとうございます。もう一つの曲は、二年前に書いたやはり合唱組曲で、「こわしてはいけない」というものです。「こわしてはいけない」というのは憲法のことです。作家・水上勉さんのご子息の窪島誠一郎さん、長野県の上田で戦没画学生の作品を集めた美術館「無言館」を主宰しておられますが、窪島さんが詩を書いてくださいました。僕は水上さんをよく存じ上げていたし、たくさん仕事でご一緒させてもらいましたが、窪島さんとも、彼の詩で歌を書くということをしてきました。この曲は六章の詩に作曲したもので、第二章が「こわしてはいけない」と題されています。たとえば父が聞いていた古いレコード盤、それから中学時代の蓋のない筆箱、半分溶けている親子の雪だるま……こわしてはいけないものとして、いろいろな大切なものを挙げて、そのあとに、「七〇年前につくった私たちの憲法」という言葉が出てきます。作曲をする時には、言葉のアクセントに注意を払うことが多いんですけれど、この曲では普通「憲法」という言葉を言う時のアクセント、つまり最初の音「け」にアクセントを置くのではなく、その次の「ん」を高い音にしてアクセントを置いています。これは「け」が高くて続く部分が下がっていく普通の言い方だと、「ん」のところで口が開いてしまって意志が感じられにくい。「ん」が高くなると、そこで口を結ぶので、続く「ぽう」を勢いよく発声でき、そこで胸を張ることができるんです。それであえてアクセントを逆にして作曲しました。

（録音流す。拍手）

この合唱組曲は二〇一六年にできて以来、全国でものすごい回数歌われています。「音楽で主張する」と言いましたけれども、社会的テーマを音楽で主張すると、たくさんの人が心の中で肩を組んでいるような気分になるんです。手をつないでいるような気分になる。一つの心で結ばれているような感じになってくる。

これは音楽の特徴ですね。それを逆利用すれば、戦時下の軍歌のようなものになるわけですし、だから注意も必要だけれど、音楽にはそういう、密やかな、でも実は力強い力があると思っています。

ついでに話すと、さっき、池澤夏樹大先生と知り合ったのは二〇代の時と話しましたけれど、これも実は合唱曲がきっかけでしたね。ＮＨＫがある時、合唱曲を僕に依頼したんですが、その作詩をするはずだった某著名脚本家が、いつまでたっても書いてくれないし、打ち合わせに行くとすっぽかされる（笑）。

福島　もしかして先般亡くなられた方ですか？

池辺　ああ、二〇一七年一二月に。「オソサカウソツキ」さん。本名は早坂暁さん（笑）という素晴らしい方で、僕も生前、大変親しくさせていただきました。

けっきょくＮＨＫは、早坂さんをあきらめ、「若い詩人に頼んでみるが気が合わなかったらもうこの企画は流れてもいい」ということになった。で、ＮＨＫで会ったんです。そうしたら、たちまち一〇年来の知己のように親しくなっちゃった。それからずっと、一緒にたくさん曲もつくりましたね。

池澤　気が合って五〇年ですよ。

池辺　そう。合唱曲や校歌などもつくりましたし、いろんな仕事を一緒にしました。池澤さんはいろいろなところに住んできた人で、沖縄の前はギリシャのアテネに住んでいたので、僕はアテネまで、アテネもなくさまよって行きました（笑）。今、彼は札幌にいて――この人はもともと北海道出身ですし――僕も実は札幌に家があるので、会いやすいですね。
西川　ありがとうございました。憲法にまつわる音楽を聴かせていただいたので、池澤さんに、憲法について考えておられることを話していただいていいでしょうか。現政権は「憲法改正」を急ごうとしているわけですが。
池辺　あなたは憲法の本書いてるよね。
池澤　うん、もう十数年前かな。『憲法なんて知らないよ』（二〇〇五年、集英社）という本を書きました。
憲法は、法律として正確を期するためにああいう文体になっています。もう少し、日常にひきつけて普通の言葉に近い形で書き直したらどうかなっていうのをやってみたんですよ。「ケンポウなんて硬すぎるよね。ケンポウって『剣』の方もあれば、『拳』の方もあって、なんかよくないよ。もしも、『ノンポウ』とか『ユンポウ』とかだったら、親しみもわくのに」っていうようなところから始まる憲法論なんだけど。
池辺　正しくは「『憲法なんて知らないよ』っていう君のために」という本だよね。
池澤　そうそう、そんな感じのものです。その時に少し勉強しました。憲法とは何か。国の基本の法律とかいうけれども、そのいちばん基本の機能は、国家の権力から国民を守ることなんです。単純にそれだけなんですよ。

だから、「憲法に国民の権利ばかりが書いてあって義務が書いてない」とか言う国会議員が出てきたときに、僕は呆《あき》れて笑い転げた。政治家としてものを知らないにもほどがあるから。あれは国家の横暴から国民の権利を守るためにあるんですから、権利をいろいろと明示するのは当然のことなんです。

今の流れを見ると、安倍政権が憲法を「改正」したがっているだけで、国民の中にはその機運はまったく高まっていない。

池辺　改正って僕は言わないんだけど。

池澤　改悪だね、うん。こんな「憲法改正」はおかしいし無理だと思う。議論はいくらしてもいい。僕もいくらでもします。憲法だって絶対に万古不易《ばんこふえき》だとは思わない。例えば、人権の一つに環境権を加えるのもありうるかもしれない。しかし基本のところは変わらない。

また沖縄の話になるけれど、アメリカの施政権下にあった沖縄は、一九七二年に日本に復帰した。復帰前に沖縄の人たちは、米軍の横暴、アメリカの圧政のもとで、「あの憲法がある日本だから帰ろう」と言っていた。沖縄の人は日本国憲法に希望を託してきたんです。しかし復帰後の現実は、その希望をふみにじるものだった。
　だから憲法があるだけじゃダメなんです。本当にそれを使わなくてはいけないし、日々思い出さなくてはいけない。だから今、いちばん憲法を知らないのは、政権の人たちですね。使い方がわかっていない。

池辺　同感ですね。あと、日本国憲法はアメリカがつくったものだし、日本語としておかしいとか言う人もいますけれど、僕はちがうと思うし、前文などは文章としても素晴らしいと思っています。「われらは、平和を維持し、専制と隷従、圧迫と偏狭を地上から永遠に除去しようと努めてゐる国際社会において、名誉ある地位を占めたいと思ふ」っていうくだりなんか、ゾクゾクしてくるようないい文章。声に出して言うだけで、ちょっと感動します。そういう読み方、味わい方ができない人がいるというだけの話なんでしょう。
　アメリカがつくった、おしつけられたという人もいるけれど、日本の国会が決めた憲法ですよ。九条に関しては幣原《しではら》喜《き》重郎《じゅうろう》という当時の首相がマッカーサーに提案したことも事実として知られていますし、すべてGHQ主導でつくったものではない。日本人は、ひどい戦争を経験して戦争はもう嫌になっていたし、平和を心から求めていた、軍事力なんていらないということを本当にたくさんの人が思っていたから、日本国憲法を心から歓迎した。その初心をどこかで忘れてきていると思う。

改憲の理由として、最近の為政者は「戦後、こんなに長い時間が経ったのだから」と必ず言います。しかし、「こんなに長い時間」なのか、「たかだか七〇年ちょっと」なのか、それは考えかた次第じゃないでしょうか。八〇年代に、当時まだ東西に分かれていた西ドイツの首相のシュミットが国連で演説をして、当時すでに「戦後長い時間が流れた」と言いました。「戦後、長い時間が流れた。しかしドイツが再び過ちを犯さないと確約できるにはまだ短い」と言ったんです。

これは素晴らしい演説だと思います。本来、これくらいの自覚と気概を日本の政治家にも持ってほしい。比較するとつくづく情けなくなります。憲法というものに対して、尊敬の念と、自分たちのものだという誇りとを持ちたいと思うし、それを持ってこその政治家じゃないかと僕は思っているんですけれどね。それを、徹底的に追求したいですね。

池澤　日本には、政治屋はたくさんいても政治家はあまりいないんですよ。「こんなに長い歳月が経った」んだから変えてもいいと言うのなら、まず、日米安保条約を変えましょう（拍手）。

池辺　そうですね。その通りです。地位協定も含めてね。

教育をよくすることで変えていける

福島　ここで少し目先を変えて、会場からいただいている質問を少し。若者の意識の問題について教育の問題もあるのではないか、若者たちは既定のルールやシステムに定められた権力に従わなくてはいけないという暗黙のルールに縛られている、反知性主義に染まった大衆とものを言うことに怖気づいた知識人たちに入り込んでいくにはどうしたらいいか……。こんな声をいただいています。

一つ一つお答えする時間は、今はないのですが、こうした若い世代のことに関する声を聞いて思うことの一つは、僕たちが、日本国憲法の読み込みや語り伝えを、次の世代に向けてあまりやってこなかったんじゃないかということです。今の憲法は、日本が平和を宣言することで、世界に安心を与えるという面もあったと思います。アジアの人に向けて、二度と銃を向けないぞという決意表明だと。九条だけではありませんが、そういう憲法の精神のようなものを、僕たちが若い世代に十分伝えてきていなかったかもしれないという気がちょっとしています。

池澤　さっき、憲法について「おしつけられた」という人がいるという話がありましたけれど、僕は、日本国憲法の内容には、ここ三〇〇年の、ヨーロッパの政治思想のもっともすぐれたエッセンスが入っていると思います。だから、誰が起草してどういう条文になったかということは別にして、これが民主主義、主権在民の民主主義の設計図として、ユニバーサルに、世界中どこの国でも使えるはずの、形になっている。それを戴《いただ》いていることを、われわれはけっこういばっていいんじゃないかと思います。

しかしなあ、とも思う。米軍基地もたくさんあるし、あの国の言いなりになってばかりだしな、と。これは憲法が悪いわけではなくて、政治の中身に問題があるわけだけれど、内心忸怩《じくじ》たる、悲しい思いです。憲法と現実の間があまりにも離れているので、なんだか分裂してしまったような精神をこの国が抱えているように見える。憲法の精神を伝えていくには、そういう現実をのりこえる意志を持って進めることも必要です。

池辺　ちょっと視点を変えてしまうかもしれないけど、若者が、権力に従うことに慣れちゃっているっていう意見を、福島さんがさっき紹介してくれましたね。それは僕がさっき言った、議論をせずお互いに褒め合ったりすることに通じている気もします。それから、これはもっと小さな子どもたちの話だけど、僕の家の近所に学習塾があって、夜の一〇時頃、そこに通っている子どもたちが歩道に群がってコンビニ弁当を食べてるんです。その光景を見た時には、いつからこんなふうになったのだろうと思ったし、こんなこと続けたら日本はどうにかなっちゃうぞと怖くなりました。もう一〇年以上前のことですが……。

ずっと以前、外交に携わっていたある方が、「戦後、アメリカはベトナムで失敗した。ソ連はアフガニスタンで失敗した。日本は教育で失敗した」と言ったことがあります。そうなのかもしれないし、「従順な若者」や子どもらしい暮らしの喪失といったものは、教育の失敗によってつくられたのかもしれません。

でも、だとすれば、それは教育をやり直す、よくすることで、変えていけるとも思います。与えられたものに従順なのだとしたら、まっとうな教育をすれば、子どもたちはそれも柔軟に受け入れていくでしょう。

池澤　教育にもいろんな問題があると思うけれど、子どもには力があるからね。不登校――最初は登校拒否と呼んでいましたが――の子どもが増えたけれど、あれは「学校に行かないことを自分の方針として選ぶ」ということだともいえる。その気概はなかなかのものだと思うし、文部科学省は、不登校というものを自分たちに対する批判として受け取る必要があると僕は思う。

学校に「今日行くか行かないか」は教育じゃないですよ。行かなくてもいいんです。

池辺　キョウイク……、そうだね（笑）。

池澤　（笑）ただ僕は、日本の学校は、今もって基本形を軍隊に倣《なら》っているんじゃないかと思う。先生の言うことをみんなが聞いて、覚えることが第一――僕はもう学校に行かなくなって長いし、今の現場がどうなっているか、仔細《しさい》にはわからないけれど。でも、そういう学校のありようは変わっていないでしょう。そして最近聞こえてくる学校の話題は、なんだか荒れた話ばかりで、しかも閉鎖的。閉鎖的だから子どもが追い詰められたり、いじめられて自殺したりする。風通しがすごく悪い。今度、校長先生の前で講演する機会があるんだけど、こういうことを言ってもいいかなあ、いけないかなあ、言いたいなあと思って（笑）、いま考えこんでるところですよ。

右翼的考えが広まる「空気」

西川　ありがとうございます。ちょっとまた、憲法の話に戻る面もあるのですけれど、安倍首相は第一次内閣の時（二〇〇六年）、「愛国心」を盛り込んだ教育基本法改悪をやりました。そして第二次安倍内閣になって安保法制を強行し、自衛隊が海外で戦争できるようにした上で、今度は憲法九条にもう一項をつくって自衛隊を書き込むということを言っています。そこには右翼団体の日本会議の影響があると思いますけれど、つまりは、教育に右翼的な要素を強めて、じわじわと憲法を変えていこうとしている。そこにすごく危機感を感じています。

池辺　日本会議や自民党が考えているそうした方針も恐ろしいけれど、それが広まる雰囲気があることがさらに恐ろしいですね。

また自分の合唱曲の話になって恐縮ですけれども、一九八四年に、森村誠一さんと組んで「悪魔の飽食」という合唱組曲を書きました。戦時中に旧「満州」のハルビンの近くにあった日本陸軍の七三一部隊が、ロシア、モンゴル、朝鮮、中国の捕虜に、凄惨な人体実験を施した――この問題をテーマに森村さんが書いた『悪魔の飽食』というノンフィクションがありますが、森村さんが詩を書き、僕が作曲して七楽章の合唱曲をつくったんです。九〇年代半ばくらいから全国で歌われるようになってきて、今も毎年、日本のどこかで演奏され、海外公演も八度やっています。国内公演は「全国縦断コンサート」という企画で、僕もそのコンサートでは指揮をしています。

で、こんなことが最近あるんです。たとえば数年前、群馬県の前橋市で演奏しました。この時は群馬県や前橋市の教育委員会などが「後援」者として名を連ねました。もちろん各団体に後援の意志をもらってのことですけれど、公演後の県議会で、「こんな演奏会になぜ県や市の教育委員会が後援を申し出たのか」と問題にした議員がいたらしいんです。

その翌年に福岡市でやりました。公演前半、ある女子高の合唱部――全国的にも有名な優れた合唱部ですけれども――が歌うことになっていました。そうしたら、その公演当日の朝、その学校に、「純真な女子高生の合唱をこんなコンサートでやるとは何事か」というファックスが届いたそうです。その女子校の校長先生は、それを見て逆に、「この公演は非常に重要なものだし、むしろ女子高生に作品の精神を伝えたい」と言って予定どおり演奏してくれたのですが。

でも、以前はこんなことはなかったんです。三〇回近くあちこちでやってきて、この三～四年ですよ、こういうことが起き始めたのは。昔から、右翼的な主張の人はいましたけれど、そういう人は、公に自分の主張を押し出すようなことはためらっていた。ところが今は堂々と右翼的な主張を押しつけようとする「空気」ができてきた。日本会議や自民党の主張も問題だけど、それが広がっていく「空気」が僕はおそろしい。だからこそ違う「空気」を送り込みたいと思っています。

西川　二〇一三年に安倍内閣が特定秘密保護法を強行して、表現の自由が将来的にはかなり危うくなるんじゃないかということが、当時言われました。それ以降、今池辺さんが言われたようなことやヘイトスピーチなども広がっている実感がありますね。

一方で、自民党の杉田水脈《みお》衆議院議員がＬＧＢＴについて「生産性がない」などというようなことを雑誌で書いて物議をかもしましたけれど、それへの批判に対して、自民党の人たちは、あれは「表現の自由」だ、「多様性」だと弁護した。そうやって「表現の自由」というものがいろんな形で問題になっている。この点いかがですか。

池澤　「表現の自由」でよろしいと思いますよ。しかし、発言には常に責任が伴うんだから、自由な思いや言ったことに対して反論が来たら、それにロジカルな反論をまたしなければいけない。そうやって議論というのは深まっていくものです。

きっかけとして何をおっしゃってもいいんです。しかしそれは、あまりにも理不尽でむちゃくちゃで叩かれても仕方ない意見だったら、それはそういう目に遭うでしょう。だから言うことを止めはしないけれども、その先に責任ある対応をしなくてはならない。「表現」にはそういうことも含まれるのではないでしょうか。

池辺　「表現の自由」ということによって、杉田議員の態度やそれを弁護する自民党を正当化する。それをみんながなるほどとうなずいてしまう、肯《がえん》じてしまうことの方が僕は怖いと思いますね。先ほどと同じような話になりますけれど。

僕はつい二か月ほど前、後期高齢者になっちゃって、だから残り時間が少ないかもしれないけれど、音楽の力で「空気」をつくっていきたいなと思っています。表現の自由に関してもそうですし、端的にいえば、戦前の治安維持法を思い出させるような雰囲気というものを、根底から変えるような雰囲気と国民の声をつくり上げるために、すごく小さな力しかないけれど、何かできたらなと思っています。

池澤　その「悪魔の飽食」の公演を続けることは、明らかにその、非常に力ある促しになるよね。

池辺「後期」ですががんばります（笑）。

考えるきっかけを提供する

福島　池辺さんは文化功労者にもなられましたね。

池辺　文化功労者と後期高齢者にほぼ同時になったから、時々どっちだかわからなくなる。「後期功労者」とか「文化高齢者」とか言ってしまうので（笑）。わからないまま続けていきます（笑）。

池澤　こういうところからフェイクニュースが生まれる（笑）。

福島　冗談はともかく、表現者として今何をすべきかということについて、池辺さんの根っこはどのあたりに？

池辺　「悪魔の飽食」という作品がまさにそうですけれど、もちろん表現の自由という問題もあるけれど、いちばん大事なのは、若い世代に対して、「戦争とは何だったのか」を、できるだけ正確に伝えるという上の世代の責務を果たすことですね。

それはもちろん、憲法の問題までつながりますし、若い人がこれから生きていく人生や社会の問題になってくる。戦争を体験はしていないけれど、若い人たちがしっかり把握していく、そういう精神を少しずつ育てていく、そのための動きなら、何か僕にもできることがあるかなというふうには思っています。表現の自由がなかったらこれはできないわけですから、その意味で大事なものだと思います。

西川　池澤さんはいかがですか。

池澤　僕にしても思うことを書いて出す以外のことは何もなくて、だから、毎日、新聞を比較的丁寧に読んで、そこから問題をいくつかテーマとして見つけ出して、それについて少しバックグラウンドを勉強して、ということを繰り返しています。月に一回、「朝日」の夕刊にコラムを書いているんですけど、そういう場で、自分が学び、考えたことを諄々《じゅんじゅん》と説く。

新聞を読むのは若くない人たちです。でもとりあえずそこから始めて、たとえばある問題について親子で議論するような家庭や、仲間内で話題になるような職場があったとしたら、そこに一つの素材として提供したい。考えるきっかけを提供する。それはやっぱり、全体としては、「安倍政権はホントにいい政権ですね」とはならない。なるわけがない。むちゃくちゃですから。だけど、そのむちゃくちゃであることをきちんとわかるように、誰かが準備しておかなければいけない。それを続けるだけですね。

西川　自分の表現活動を通して、今、起きていることに対して、異を唱えたり、自分の考えを表明したりしていくということ、それを一人ひとりがやっていくということですかね。

二年前かな、新国立劇場の研修生の舞台で、「ひめゆり」という朗読劇をつくりました。その時に僕は、もし沖縄の「ひめゆり部隊」の悲劇に関わっている方たちが見て、「いやこんなはずないよ」「こんな甘くないよ」って言われたらどうしようっていう不安感というか心配があったんだけど、幸いなことに、かつて「ひめゆり部隊」にいた方が見てくださって、とても感動したと言ってくださいました。想像力を喚起させると言ってくださって。その時、こういう仕事を一つ一つやっていくことが、僕らのやるべきことなのかと思って、今、あらためてそういうことを考えています。

池辺　演劇の世界でも今、あの戦争は何だったのか、あるいは戦前の思想、軍国の時代は何だったのかっていうことを問いかけ、あるいは、それを伝えよう、正確に演じようという機運はあると思います。僕自身も携わっている、ベテラン女優たちがやっている「夏の雲は忘れない」という朗読劇、これは毎年上演していますけれど、広島、長崎への原爆投下を描いた作品です。福島さんの劇団では、戦前の右翼思想の頂点にいた人物を描いた「原理日本」っていう芝居を、二〇一七年にやりましたよね。宮本研の「反応工程」も、俳優座や文化座がやった。そういう作品にふれたり、あるいは観た人に話を聞いたりすることで、若い世代も何かを追体験していける。それが、大きなスパンで見れば、何かを変えていくことにつながるんじゃないかなと思いたいですね。

福島　ええと、私たちに対する質問でストレートなのが寄せられているんですが、二一歳の方からで、「演劇で政治を変えることはできると思いますか」。西川さん、何て答えますか？

西川　単純ではないと思います。でも池辺さんがおっしゃったように「空気」というか、何か変えなくちゃいけないというきっかけを与えるというか、そういうことはできる。何か単純に、「これが正しい政治だ」というようなことは言うこと自体が難しいし、押し付けになってしまう。僕らができるのは、自分は高みにいて「こうだ」という言い方ではなくて、自分たちのあり方も含めて「どうなんだろうか」という材料を提起することかなと。

池辺　僕もそう思います。見る人自身が体験していないことも含めてね。それは演劇でこそできることでしょう。

福島　サイレント・スタンディングについて、「立ち続けるだけで無力感を感じる」とか、「なぜサイレントなんでしょうか。表現者がサイレントというのがミソのような気がしますが、自分でもよくわかっていません」という質問もありました。西川さんが「表現者が黙って立つのに意味があるんじゃないか」と言ってましたけど(笑)。

西川　いやいや、これはもともとパクリみたいなもので、以前、東京の市民運動で、そういう形での運動、意見表明をした――プラカードを持って黙って立つという――ことがあったんですよ。演説したりしてもあまり聞いてもらえないこともあるし、自分の意見を表明するプラカードを持ってじっと立つ方がむしろ目立つという面もある。そしてどう考えるかは見た人に考えてもらう。

確かに、安保法制が強行された時にはサイレント・スタンディングが盛り上がって、でもその後参加人数が減ったりとか、みんな苦労しているんですけど、僕は、一人でも立つという気概を持つことが大事だと思う（笑）。

だって、やめてしまったら権力の思うつぼじゃないですか。だから、どんなに数が少なくなっても、少なくとも自分だけは──お二人と同じだけど──きちんとどういう場合でも表明するぞと。一人ひとりがそういう思いを持つことが大事かなと思っています。もちろん、スタンディングも押し付けるつもりはないけれど、僕は一人でも最後までやると。少なくとも安倍政権が崩壊するまでは。

池辺　サイレント・スタンディングっていうのは大きな意味を持つと思う。ちょっと飛躍するようですが、一九五二年──もう大昔といってもいいぐらい前ですけれど、アメリカにジョン・ケージっていう作曲家がいてね、この人がある曲を発表したんです。この曲は、その発表の時は題名がなかったんだけど、いまは「四分三三秒」って呼ばれています。何かっていうと、ピアニストが出てきてピアノの前に座って四分三三秒間、何もしないで出ていくんですよ。何もしない。しかしその時、もしかしたら、なんだろうと思って客席がざわめくかもしれない、どこかで椅子のきしむ音がするかもしれない、パンフレットをめくる音がするかもしれない、咳《せき》払いをする人がいるかもしれない、いびきが聞こえるかもしれない、そういうものは聞いちゃいけないのか、そういうところに何かが隠れていないかっていうのが、ケージの問いかけでした。

サイレント・スタンディングも似たところがあると思うんです。黙って立つ。そこに何が隠れているのか、何があるのか、余分なことをせずにただ意見を表明して、考えてもらう。たくさんの問題を個人の意識の中に引き出させるための一つの手立てだと思うんですね。もしかしたら、何かを声高に主張するよりも、大きな意味を感じ取ってもらえるかもしれない。

西川　ありがとうございます。今日は、駅頭で立ってる方もたくさんいらっしゃっているから、一緒にがんばりましょう（拍手）。

福島　別に、安倍政権に対する怒りが減っているわけではないですからね。いろんなことがあっても、意見表明を続けるということがすごく意味があるんではないかと思います。

池辺　シェイクスピアの名作「冬物語」には、二〇年間下半身が石になっちゃったハーマイオニっていう女王が出てきます。二〇年くらいがんばるつもりで（笑）。

池澤　知恵と工夫ですよ。手を替え品を替え、次々新しい方法を、サイレント・スタンディング含めて繰り出して、言いたいことを言い続ける、言いたいことの中身をしっかり自分で考える、まあお互いプロなんだから。様々な手段を繰り出すというところでは、まだまだ工夫の余地はあるし、たたかう余地もある。

池辺　プロはアマいこと言っちゃいけないんだよね（笑）。

池澤　……であります（笑、拍手）。

（二〇一八年一一月二二日、俳優座劇場で開かれた、「安保法制と安倍政権の暴走を許さない演劇人・舞台表現者の会」主催の講演会「表現者は今、何を、どう語るか」にて）

対談者プロフィル

第1章　若村麻由美（わかむら・まゆみ）

俳優。一九六七年、東京都生まれ。無名塾出身。一九八七年、NHK連続テレビ小説「はっさい先生」でヒロインとしてデビュー。エランドール新人賞を皮切りに、数々の賞を受賞。近年作では、ドラマ「夜桜お染」（フジテレビ）、「白い巨塔」（同前）、「けものみち」（テレビ朝日）、「刺客請負人」（テレビ東京）、映画「蒼き狼～地果て海尽きるまで」（澤井信一郎監督）、舞台「平家物語の夕べ」、「カリギュラ」（蜷川幸雄演出）ほか、多数出演。ヒマラヤのトレッキングをきっかけに水文化委員（国土庁）や富士山清掃隊長を務めるなど自然環境保護の活動も行う。

第2章　小池昌代（こいけ・まさよ）

詩人、小説家。一九五九年、東京都生まれ。主な詩集に『もっとも官能的な部屋』（高見順賞、一九九九年、書肆山田）、『コルカタ』（萩原朔太郎賞、二〇一〇年、思潮社）、『野笑』（二〇一七年、澪標）。主な小説集として、『タタド』（表題作にて川端康成文学賞、二〇〇七年、新潮社）

や『たまもの』（泉鏡花文学賞、二〇一四年、講談社）がある。他に詩のアンソロジー『通勤電車でよむ詩集』（二〇〇九年、NHK出版）や『ときめき百人一首』（二〇一七年、河出書房新社）。最新作に『幼年 水の町』（二〇一七年、白水社）、『影を歩く』（二〇一八年、方丈社）、詩集『赤牛と質量』（二〇一八年、思潮社）など。

第4章 池澤夏樹（いけざわ・なつき）

作家。一九四五年、北海道帯広市生まれ。『夏の朝の成層圏』（中央公論社、一九八四年）で長篇小説デビュー。一九八七年発表の『スティル・ライフ』（中央公論社、一九八八年）で第九八回芥川賞を受賞。その後の作品に『母なる自然のおっぱい』（読売文学賞、新潮社、一九九二年）、『マシアス・ギリの失脚』（谷崎潤一郎賞、新潮社、一九九三年）、『楽しい終末』（伊藤整文学賞、文藝春秋、一九九三年）、『静かな大地』（親鸞賞、朝日新聞社、二〇〇三年）、『花を運ぶ妹』（毎日出版文化賞、文藝春秋、二〇〇〇年）など。二〇一四年より全著作の電子化プロジェクト「impala e-books」を開始。また「池澤夏樹＝個人編集 世界文学全集」全三〇巻に続き、「池澤夏樹＝個人編集 日本文学全集」全三〇巻の刊行を開始（ともに河出書房新社）。

池辺晋一郎（いけべ　しんいちろう）

作曲家。1943年水戸市生まれ。67年東京藝術大学卒業。71年同大学院修了。池内友次郎、矢代秋雄、三善晃氏などに師事。66年日本音楽コンクール第1位。同年音楽之友社室内楽曲作曲コンクール第1位。68年音楽之友社賞。以後ザルツブルクTVオペラ祭優秀賞、イタリア放送協会賞3度、国際エミー賞、芸術祭優秀賞4度、尾高賞3度、毎日映画コンクール音楽賞3度、日本アカデミー賞優秀音楽賞9度、横浜文化賞、姫路市芸術文化大賞、JXTG音楽賞などを受賞。97年NHK交響楽団・有馬賞、02年放送文化賞、04年紫綬褒章、18年文化功労者。現在、日中文化交流協会理事長、東京オペラシティ、横浜みなとみらいホール、石川県立音楽堂、姫路市文化国際交流財団ほかの館長、監督など。東京音楽大学名誉教授。

作品：交響曲№1～10、ピアノ協奏曲№1～3、チェロ協奏曲、オペラ「死神」「耳なし芳一」「鹿鳴館」「高野聖」ほか。室内楽曲、合唱曲など多数。映画「影武者」「楢山節考」「うなぎ」、TV「八代将軍吉宗」「元禄繚乱」など。演劇音楽約470本。2009年3月まで13年間TV「N響アワー」にレギュラー出演。

著書に『空を見てますか…』第1巻～9巻（新日本出版社）のほか、『音のいい残したもの』『おもしろく学ぶ楽典』『ベートーヴェンの音符たち』『モーツァルトの音符たち』（音楽之友社）、『スプラッシュ』（カワイ出版）、『オーケストラの読みかた』（学習研究社）など。

音《おと》のウチ・ソト――作曲家《さっきょくか》のおしゃべり

2019年3月15日　初　版

著　者　池辺晋一郎
発行者　田所　稔

郵便番号　151-0051　東京都渋谷区千駄ヶ谷4-25-6
発行所　株式会社　新日本出版社
電話　03（3423）8402（営業）
03（3423）9323（編集）
info@shinnihon-net.co.jp
www.shinnihon-net.co.jp
振替番号　00130-0-13681

印刷・製本　光陽メディア

落丁・乱丁がありましたらおとりかえいたします。

ISBN978-4-406-06343-2 C0095　Printed in Japan